AF357450

INSCRIPTIONS

ANTIQUES

LYON — IMPRIMERIE L. DELAROCHE ET Cie, PLACE DE LA CHARITÉ, 10.

INSCRIPTIONS

ANTIQUES

PAR

A. ALLMER & P. DISSARD

TOME CINQUIÈME

LYON

IMPRIMERIE LÉON DELAROCHE ET Cⁱᵉ

10, place de la Charité, 10

1893

Ouvrage édité par la ville de Lyon.

INSCRIPTIONS ANTIQUES

DU MUSÉE DE LA

VILLE DE LYON

ADDITIONS ET CORRECTIONS

AUTRES QUE CELLES DÉJA INDIQUÉES DANS LES PRÉCÉDENTS VOLUMES

ADDITIONS ET CORRECTIONS AU TOME Iᵉʳ

I, PAGE 55, LIGNE 4.

Division de la Gaule en l'an 27 av. J.-C.

La division de la Gaule en trois provinces n'a peut-être pas été faite avant les années 16 à 14, pendant lesquelles Auguste, venu à Lyon, « mit ordre aux affaires de la Gaule, de la Germanie « et de l'Espagne » : *Augustus, rebus Gallicis, Germanicis, Hispanicisque omnibus confectis, cum multos in singulas civitates sumptus fecisset, magnam ab aliis pecuniae vim accepisset, libertatem ac jus*

1

civitatis aliis dedisset, aliis ademisset, Druso in Germania relicto, Romam reversus est. Tiberio et Quintilio Varo cos. = Av. J.-C. 13. (DION. 54, 25 : voy. MOMMSEN, *Hermes*, 1880, XV, III.)

I, PAGE 58, LIGNE 6 AVANT LA DERNIÈRE.

Addition relativement à l'évaluation en monnaie actuelle de cinquante-huit écus d'or au soleil :

En tenant compte de la puissance de l'argent à l'époque de l'acquisition (en 1529), cinquante-huit écus d'or au soleil représentent à peu près 2,450 francs de notre monnaie.

I, PAGES 80, 103.

Discours de Claude, 2e colonne, lignes 60 à 63 :

Tempus est jam, Ti. Caesar Germanice, detegere te Patribus Conscriptis quo tendat oratio tua, jam enim ad extremos fines Galliae Narbonensis venisti.

M. Mommsen *(Ephem. epigr.,* 1889. p. 394 : Table de bronze trouvée en 1888, en Espagne, à Italica, contenant une partie d'un sénatus-consulte de l'an de J.-C. 176/7 : *De sumptibus ludorum gladiatoriorum minuendis)* pense que les paroles que reproduit ce passage ont été prononcées, « non par Claude s'interpellant lui-« même, mais en acclamation par les sénateurs se moquant tous « ensemble de l'orateur prolixe. Elles ont été transcrites dans le « procès-verbal sans citation de noms comme cela avait lieu dans « les acclamations ». Ce serait un exemple anticipé de la forme de rédaction des procès-verbaux des sénatus-consultes adoptée plus tard à partir d'Hadrien.

Il nous paraît cependant peu vraisemblable que les sénateurs, si peu de déférence qu'ils aient pu avoir pour Claude, eussent oublié les égards qu'ils lui devaient jusqu'à se moquer de lui sans ménagement et lui faire remarquer par une interruption irrespectueuse son excessive et ennuyeuse prolixité. De plus, le membre de phrase *detegere te quo tendat oratio tua* présente une choquante incorrection, facilement pardonnable peut-être à Claude, mais non à un sénateur porte-parole de ses collègues et encore moins si l'on suppose une acclamation de tous les sénateurs ensemble. Claude, s'il y a réellement eu interruption, ne devrait pas avoir repris le fil de son discours sans adresser aux sénateurs quelques paroles, ne fût-ce que pour les remercier d'être venus au-devant de ses propres idées et lui avoir facilité une transition qu'il désirait sans oser se décider à l'aborder. Mais alors on se heurte à ce que nous apprend Tacite du caractère de cette séance, où la proposition de l'empereur rencontra une opposition des plus vives, violente même. L'état d'esprit des Pères Conscrits devait être tout autre qu'une disposition à l'hilarité, et l'on sait que Claude ne parvint pas à gagner son procès, puisque les sénateurs ne consentirent à accorder qu'aux Éduens seuls ce qui leur était demandé pour les Gaulois de toute la Gaule. Enfin, comme en avertit M. Mommsen, l'insertion de l'interruption au procès-verbal aurait précédé de tout près d'un siècle l'adoption d'un usage qui ne s'est établi que sous Hadrien.

I, PAGES 80, 106.

Discours de Claude, 2ᵉ colonne, ligne 71 : *Iam comatae Galliae...*

Gallia comata.

L'expression *Gallia comata*, « Gaule chevelue », employée sous la République en manière d'ironie et de parler vulgaire plutôt qu'en langage correct, puis ensuite par les écrivains et notamment les géographes, comme offrant, pour désigner les trois Gaules, un mot commode à opposer à ceux de *Gallia bracata* et de *Gallia togata* par lesquels étaient désignées la Narbonnaise et la Cisalpine, vient de se rencontrer pour la première fois comme terme officiel sur une inscription d'Italie contemporaine d'Auguste et il est à remarquer que la Gaule dite *comata* s'y montre distincte de l'Aquitaine : ..... [*leg(ato) imp. Caes.*] *Augusti in Gallia comata* [*itemque*] *in Aquitania*.....

Cette expression n'embrassait donc vraisemblablement en premier lieu que la Celtique et la Belgique ; plus tard, elle s'est étendue à l'Aquitaine en conséquence sans doute de l'annexion à celle-ci d'une notable partie du territoire celte ; enfin Suétone (*Caes.*, 22) y comprend, mais à tort, la Narbonnaise.

En tout cas, ni *Gallia comata* ni *Gallia bracata* n'étaient des dénominations exactes ; la braie n'était pas spéciale à la Narbonnaise, la chevelure flottante n'était peut-être pas de mode chez les Aquitains ibériens non plus que chez les Germains répandus sur la rive gauche du Rhin, qui devaient porter, suivant l'usage de leur pays d'origine, les cheveux relevés et noués.

(MOMMSEN, *Observationes epigr.*, dans l'*Ephemeris*, 1891, pp. 446 et suiv.)

I, PAGE 108.

Les trois lettres de l'empereur Claude.

Des trois lettres inventées par l'empereur Claude une seule est connue : c'est le digamma, déjà employé par les Éoliens pour exprimer le *v* consonne, ainsi qu'on le sait formellement par le témoignage de Quintilien (I, 7) ; il dit, parlant de l'*u* supprimé ou remplacé par *o* après le *v*, que Claude *nec inutiliter aeolicam illam ad hos usus* ꓱ *litteram adjecerat*. On aperçoit assez clairement par là le but que se proposait Claude; c'était de donner des figures à des prononciations qui, dans l'alphabet latin, manquaient de signes propres. Si, à ce point de vue, nous parcourons cet alphabet, nous ne rencontrons dans ce cas, outre le *v*, que l'*i* consonne (notre *j*) et l'*h* aspirée, prononcée avec une force d'aspiration tellement marquée que dans la poésie de la décadence elle valait consonne (voy. Le Blant, *Inscript. chrét.*, I. p. 137, note 1). Ces trois consonnes *v*, *j* et *h* aspirée s'écrivaient chez les Romains par les mêmes signes que l'*u* et l'*i* voyelles et l'*h* non aspirée; il y avait par conséquent utilité à créer des figures destinées à les représenter.

Ces innovations de Claude ne lui ont pas survécu, et, sauf quelques exemples qui, au temps de Tacite, se voyaient « sur les tables « de bronze affichées dans les temples et sur les places pour « donner connaissance à tous des actes publics » ou qui subsistent encore sur quelques inscriptions, dans lesquelles *Vitellius*, *ampliaVit*, *terminaVit*, *xvVir*, sont écrits ꓱ*itellius*, *ampliaꓱit*, *terminaꓱit*, *xvꓱir* (GRUTER, 119, 2; 196, 4; 236, 9), rien ne s'est conservé des deux autres lettres.

C'est par pure conjecture et à tort certainement qu'on lui attribue le *c* retourné : Ɔ, dont parle aussi Quintilien *(l. c.)*, mais sans le rapporter à Claude, ce qui serait inconcevable si Claude en eût été l'inventeur, et l'*y* fait comme *h* dimidiée, rencontré sur quelques inscriptions, par exemple dans les mots *Aegⱶptus* pour *AegYptus*, *bⱶbliotheca* pour *bYbliotheca*, et autres. Ni le *c* retourné, abréviation souvent employée en remplacement d'un nom de femme et de quelques mots tels que *centuria*, *centurio*, *conjux*, etc., ni l'*y* modifié n'expriment des sons dépourvus de figures spéciales; ils ne peuvent ni l'un ni l'autre être comptés, croyons-nous, au nombre des lettres innovées par Claude.

Un curieux monument de numismatique, publié en 1684 dans

les *Selecta numismata* de Séguin (p. 195) et cité par le baron de Spanheim *(De praest. numism. dissert..* p. 109). offre, au droit, la figure d'un digamma joint à une palme : , et accompagné des mots IO SAT IO; ce monument est signalé par les auteurs de l'*Encyclopédie méthodique* comme « le plus célèbre et le plus avéré » des témoignages conservés jusqu'à nous de l'invention de Claude. « C'est ». disent-ils, « un trophée érigé au digamma ou plutôt à « son auteur à cause de la victoire remportée sur les Bretons ». Malheureusement. cette tessère. qui n'a été admise dans aucun recueil plus récent. a toute apparence d'être absolument fausse.

I, PAGE 135, LIGNE 6.

OVIR. — Lisez : QVIR. c'est-à-dire *Quirina (tribu)*.

I, PAGE 128, LIGNES 11 ET 12 DE L'INSCRIPTION.

NEPOTITIA. — Lisez : NEPOTILLA (Lecture Hirschfeld).

I, PAGES 138, 139.

« .... légat de Trajan puis d'Hadrien, remplissant par « intérim, quoique de rang prétorial, les fonctions du légat con-« sulaire de l'Espagne Tarraconnaise ».

Gardée pendant la période d'Auguste à Vespasien par trois, puis deux légions, l'Espagne Citérieure Tarraconnaise était une province consulaire; mais après Vespasien, la garnison de cette même partie de l'Espagne n'étant plus que d'une seule légion, la province dut conséquemment descendre du rang de consulaire à celui de prétoriale (voy. *C.*, II, 2959) ; on voit qu'il en était ainsi sous Trajan et sous Hadrien.

I, PAGES 140, 142.

Addition aux Inscriptions étrangères et à la liste des gouverneurs de la Lyonnaise :

Sous Antonin le Pieux.

[. . . . . . .] *Latinus* (ALLMER, *Inscript. de Vienne*, I, p. 213 ; HIRSCHFELD, *C.*, XII, 1857), *leg(atus Aug. pro. pr. [prov. Lugu]du-nensis, adlectus in[ter praetorios ab] imp. T. Aeli[o Hadriano Antonino Aug.] Pio* . . . . . .

Epoque indéterminée.

Anonyme désigné *praeses provinciae Lugdunesis* (ci-dessus, I, 204).

I, PAGES 174, 175.

Timésithée, préfet du prétoire sous Gordien le Pieux.

Fragment extrait d'un manuscrit du XVᵉ siècle (MOMMSEN, dans le *Bulletin de l'Institut archéologique allemand*, 1890. p. 90 ; voir *C.*, VI, 1611) :

. . . . IS TIMESITHEVS
. . . . AEFF PRETO LL MM VV
. . . . MO FORTISSIMO QVE

. . . . . *pra]eff. praetorio e e. mm. vv*. . . . . ., c'est-à-dire *praefecti praetorio eminentissimae memoriae viri duo,* d'où l'on apprend que Timésithée n'était pas préfet du prétoire sans collègue.

I, PAGE 179.

Addition au § III : « Inscriptions relatives aux fonctions remplies par des « chevaliers » :

2 1 ^{bis}

Statue d'un chevalier romain, préposé aux études de l'empereur, puis procurateur des provinces Lyonnaise et d'Aquitaine.

Dépôt. — Fragment détaché de la partie supérieure d'une épaisse table de marbre qui se terminait en haut par une corniche ; trouvé le 27 septembre 1892, rue Saint-Jean, quartier SAINT-JEAN, dans des travaux de canalisation. — Hauteur totale o m. 39, de la partie inscrite o m. 25, largeur o m. 14, épaisseur o m. 13. — Hauteur des lettres de la première ligne et de la deuxième o m. 37, de la troisième o m. 30, de la quatrième o m. 28. — Copie et restitutions de notre collègue M. Dissard :

*c · iu*L I O · C · *fil*
*quir*IN · L A*tino*
...*a* S T V D*iis aug*
*proc·pr*O V I N*ciarum*
*lugudu*N · E T*aquitan*
· · · · · V I · · · · ·

· · · · · · · · · · · ·

Lettres très belles, du premier siècle ou du commencement du deuxième ; le C (?) à la fin de la première ligne réduit à sa moitié gauche, l'S de STVD*iis* à la troisième et le V et l'I à la dernière à une faible amorce de leur extrémité supérieure.

[*C. Iu*]*lio, Caii? filio, Quirina, La*[*tino?, ...*]*a studiis Augusti, procuratori provinciarum Lugudunensis et Aquitanicae . . . .*

« A Caius Julius Latinus, de la tribu *Quirina*, fils de Caius « (Julius) ; préposé aux études de l'empereur, procurateur des « provinces Lyonnaise et d'Aquitaine, ... ».

Bien que les noms soient incomplets, il y a très grande vraisemblance, tant à cause de l'étendue présumée des lacunes qu'à cause du prénom probable du père et de l'époque ancienne de l'inscription, à ce que le personnage de ce fragment se soit appelé Caius Julius.

La restitution *a studiis Augusti*, fonction qui, dès le premier siècle ou le commencement du second, aurait été équestre et même non des moindres, semble trouver sa justification dans un fragment de Rome *(C.*, VI, 1608), d'un temps à la vérité postérieur, au nom d'un [. . . . .]*itius Eglectus Iulianus, vir perfectissimus, magister a studiis Augg., procurator provinciae Asiae* . . . . (Hirschfeld, *Adm. rom.*, pp. 210, 260, 275). Il ne serait même pas impossible que le commencement de la troisième ligne du fragment relatif à Iulius Latinus ait contenu l'abréviation MAG du mot *magistro*.

La partie non retrouvée qui terminait l'inscription devait présenter la suite hiérarchique des emplois obtenus par Latinus. Après la procuratelle de la Lyonnaise et de l'Aquitaine, qui était une des plus hautes procuratelles provinciales, venait ordinairement une des quatre grandes préfectures équestres : celles des vigiles, de l'annone, de l'Egypte et du prétoire. Il serait toutefois peut-être téméraire de rapporter au mot *vigilum* les lettres VI de la dernière ligne de notre débris et de penser à identifier le personnage que ce débris concerne soit avec *Q. Aemilius Laetus*, préfet du prétoire au moment de la mort de Commode, soit avec un *Iulius Laetus*, peut-être pas chevalier mais sénateur, mis à mort par Septime Sévère à la suite de sa victoire sur Niger (voyez Hirschfeld, *Recherches sur l'administration romaine*, p. 229).

La belle forme des lettres semble ne pas permettre de descendre jusqu'au temps de ces événements, mais s'accorderait au mieux avec la forme non moins belle des lettres d'une dédicace à Silvain (I, 78) par un M. Aemilius Laetus qualifié *a studiis Augusti*.

Tout à la fin de l'inscription devait se lire la mention de ceux qui avaient élevé la statue.

I, PAGE 210, LIGNES 9 ET 20.

Dulcitius. — Lisez *Dulcitium*, nom de forme neutre analogue à d'autres noms féminins de même forme (voy. ci-dessus III, p. 286).

Même correction à faire page 211, ligne 25, et page 212, lignes 3 et 6.

I, PAGE 238, LIGNE 11.

Quinctius. — Lisez : Quinctio. nom au nominatif.

I, MÊME PAGE, LIGNE 23.

Caesaris n(ostri) verna. — L'emploi du mot *Caesaris*, soit dans le titre des procurateurs, soit dans la désignation des *vernae* ou *servi* impériaux, disparaît vers le temps d'Antonin le Pieux (HENZEN, dans le *Bulletin de Correspondance archéologique de Rome*, juin 1885, p. 144).

Addition à l'avant-dernier alinéa :

Substitution des chevaliers aux sénateurs comme commandants légionnaires.

Il en avait été ainsi dès avant Gallien pour les trois légions Parthiques de Septime Sévère ; chacune d'elles avait pour commandant, non pas un légat sénatorial, mais un préfet chevalier romain.

« Le fait que Septime Sévère a donné le commandement supé-
« rieur des trois légions créées par lui à des préfets chevaliers est
« caractéristique et des plus significatifs pour l'entière politique
« de cet empereur, s'appliquant à réduire systématiquement les
« pouvoirs du sénat. C'est le premier pas vers l'exclusion des
« sénateurs du commandement des légions accomplie un demi-
« siècle plus tard. Nous reconnaissons mieux par là pourquoi le
« poste de *praefectus legionis* dans les autres légions commandées
« par des légats sénatoriaux a essentiellement pris de l'importance
« sous Sévère, alors que des hommes de l'ordre équestre et du
« titre de préfet étaient à la tête, non seulement des légions
« d'Egypte, mais aussi des trois légions Parthiques de nouvelle
« création. Nous voyons aussi que le campement de la IIe de ces
« légions à Albano n'était pas une aussi décisive rupture avec le
« passé qu'on l'admet communément, car cette légion, recrutée
« exclusivement de barbares et commandée par un préfet chevalier,
« peut convenablement avoir été considérée d'après son organisa-
« tion comme un renforcement des prétoriens réformés » (Hirschfeld, *les Gouverneurs de provinces chevaliers romains*, dans les
Mém. de l'Acad. des sciences de Berlin, *Comptes-rendus*, mai 1889,
p. 436, et tiré à part, p. 20).

I, PAGE 249, LIGNE 10 DE L'INSCRIPTION.

LEG V V S A. — Lisez : LEG XXX V V S A.

I, PAGE 283.

Addition aux Inscriptions mentionnant la légion *I Minervia* :

55 ^{bis}

Epitaphe faisant mention d'un vétéran (?) de la légion Ire Minervia.

Don Marduel.

Arcade LIV. — Cippe avec base et couronnement ; « servait « de bouteroue au coin du clos de M. Marduel, à CHAMPVERT » (Comarmond). — Hauteur 1 m. 42, largeur 0 m. 47.

```
         D       ⋌         M
      ET MEMORIAE
       a e TER n a e
      / / / / / / / / / /
  5   / / / / / / / / / /
      / / / / Q·IV / / /
      / / / / LEG I M
      / / / ER / ET / / / /
      PIENTISSIMIS
 10   vIVVS POSVIT ET
      SVB ASCIA DEDICAV
```

COMARMOND, *Descript. du musée lapidaire*, p. 320 ; *Notice*, p. 117.

Diis Manibus et memoriae aeternae [. . . . . *et* . . . .;]
Q(uintus) Iu(lius?) [. . . . ., *vet(eranus?) leg(ionis) I M(inerviae),
gen]ero(?) et* [*filiae?*] *pientissimis vivus posuit et sub ascia
dedicavit.*

« Aux dieux Mânes et à la mémoire éternelle de . . . . et
« de. . . . .; Quintus Iulius. . . . ., vétéran de la légion *I Minervia*,
« à son excellent gendre et à son excellente fille, a, de son
« vivant, élevé ce tombeau et l'a dédié sous l'*ascia* ».

I, PAGE 283, LIGNE 6.

Tribun de la légion I *Minervia*. — Lisez : légat de la légion
I *Minervia*.

I, PAGE 329, LIGNE 2.

Caius. — Lisez : Cneus.

I, PAGE 338.

Addition à la suite de la ligne 11. Légion XIIIIe Gemina.

Des épitaphes de ses soldats (de la légion XIIII *Gemina),* morts
en activité de service à Aunay, dans les Deux-Sèvres (Espérandieu,
Epigr. du Poitou et de la Saintonge, 1889, pp. 192, 196), et à Néris,
dans l'Allier *(Rev. de Saintonge et d'Aunis,* 1890, p. 319), ont
une apparence d'ancienneté qui les ferait remonter aux premières
années du premier siècle, et autorise à supposer une occupation
temporaire de ces points par des détachements de la légion à la
suite sans doute du soulèvement d'une partie des peuples de la
Loire, sous le règne de Tibère, en l'an 21.

I, PAGE 361.

Addition à la suite de la ligne 11. Légion XXIIe Primigenia.

Dans la première moitié du troisième siècle, si ce n'est même déjà plus tôt, elle (la légion XXII *Primigenia)* entretenait sur la grande voie de Mayence à Rome plusieurs postes pour le service de la correspondance et de la police (Hirschfeld, *La Police de sûreté dans l'empire romain*, p. 19) : à Soleure, d'après une inscription de l'an 219 (Mommsen, *Helv.*, n° 219), dédiée par un de ses soldats *curas agens vico Saloduro;* à Saint-Maurice-d'Agaune suivant une autre dédicace de l'une des années 222, 226 ou 229 *(Helv.*, n° 14; C.. XII, 144), par un autre de ses soldats *Genio stationis.*

De Gordien à Valérien, elle paraît avoir résidé en Afrique et, partiellement ou en totalité, dans la Maurétanie Tingitane (voy. HIRSCHFELD, *les Gouverneurs chevaliers,* p. 15).

I, PAGE 371, LIGNE 9.

Transportée au Musée en 1886. — Lisez : en 1866.

I, PAGE 401.

Addition aux Inscriptions mentionnant la légion XXXe :

80bis

Epitaphe faisant mention d'un vétéran de la légion XXXe.

Arcade XLIV. — Cippe dont la base et la partie inférieure du dé manquent et dont le couronnement a été abattu par-devant et sur le côté droit à fleur du dé ; trouvé en 1889, dans une démolition, au quartier de la QUARANTAINE. Les sigles D M, qui composaient à elles seules la première ligne de l'inscription, étaient gravées probablement sur le bandeau de la corniche et auront disparu avec celle-ci. — Hauteur o m. 60, largeur o m. 31.

<pre>
      d   m
      ─────────────────────────
      E MEMORIAE
        AETERNAE
        AVRELIVS
  5   DEMOSTENES
        VETERANVS
        LEG·XXX·E·MA
        TER   ·   EIIVS
        IVLIA · FILiO
 10   DOMITIANO
        CARISSIMO
        QVI V ANnis
        . . . .
</pre>

Copie de M. Stéyert. Copie dessinée de notre collègue M. Dissard : Lettres peu profondément gravées et de mauvaise forme ; l'E et le T de ET à la seconde ligne et à la septième, l'N et le dernier E de DEMOSTENES à la cinquième, liés en monogrammes ; l'L du mot FILiO autrefois surmontée d'un prolongement aujourd'hui disparu par suite d'une éraillure de la pierre.

ALLMER, *Revue épigraphique*, II, p. 437.

Diis Manibus et memoriae aeternae. Aurelius Demostenes, veteranus leg(ionis) XXX, et mater eiius Iulia filio Domitiano carissimo, qui vixit annis.....

« Aux dieux Mânes et à la mémoire éternelle. Aurelius Demos-

« tenes, vétéran de la légion XXXe, et Julia, à leur très cher fils
« Domitianus, mort à l'âge de .... ans, ... mois *ou* jours ».

Il n'est pas admissible qu'un légionnaire puisse être un ancien
esclave comme semble l'indiquer le surnom grec *Demostenes ;* plus
probablement Demostenes était d'origine orientale et aura reçu
avec le droit de cité romaine à son entrée au service légionnaire
le nom d'*Aurelius* de quelqu'un des empereurs qui se sont appelés
ainsi.

D'après la forme abâtardie des lettres et l'absence des noms
Ulpia Victrix à la suite du numéro de la légion, l'épitaphe de
Domitianus ne doit pas être antérieure au troisième siècle.

I, PAGE 402, LIGNES 9 ET 10.

Vet(eranus) leg(ionis) U(lpiae) Vic(tricis). — Lisez : *vet(eranus)
leg(ionis) XXX U(lpiae) Vic(tricis).*

I, PAGE 417.

Correction à l'avant-dernier alinéa :

Commandement des troupes auxiliaires dans les provinces procuratoriennes.

« Les *auxilia* qui composaient à eux seuls la garnison des pro-
« vinces procuratoriennes étaient sous le commandement supérieur
« du chef de l'armée légionnaire la plus voisine ». Ce serait,
paraît-il, une erreur. D'après M. Hirschfeld, le commandement de
ces troupes appartenait au procurateur gouverneur de la province.

Voici comment il s'exprime à ce sujet, dans son travail intitulé :
les Gouverneurs de provinces chevaliers romains, p. 15 :

« En dehors de rares cas extraordinaires, il n'y avait sous le
« commandement de ces procurateurs chevaliers gouverneurs de
« province que des troupes auxiliaires levées en majeure partie
« dans le pays même, et, à côté de celles-ci, les milices provin-
« ciales composées des hommes de la province en état de porter
« les armes *(juventus)*. Le caractère particulier de ces milices, qui
« n'appartenaient pas aux troupes de l'empire, a été récemment
« mis en lumière pour la première fois par M. Mommsen »
(Hermes, XXII, pp. 547 et suiv.); puis, quelques lignes plus loin,
p. 24 : « ......La situation des procurateurs provinciaux *jure*
« *gladii* n'était pas inférieure à celle des autres gouverneurs.....
« Il est d'avance invraisemblable que, comme on l'a depuis peu
« admis de plusieurs manières, ils aient été dépendants du gou-
« verneur de la province impériale la plus proche, et on doit
« reconnaître que les prétendus documents apportés pour les
« provinces occidentales ne possèdent pas la moindre force de
« preuve ».

I, PAGE 421.

Addition à la suite de la ligne 7 :

L. Septimius Peregrinus Adelfus était peut-être chrétien.
M. Hirschfeld *(Contribution à l'histoire de la Gaule Narbonnaise,*
p. 21, note 56, tirage à part de la *Westdeutsche Zeitschrift fur
Geschichte und Kunst)* le considère comme tel. *Adelfus,* « frère »,
serait, non pas un nom, mais un titre d'affiliation à une communauté chrétienne, « et d'autant plus que, dans une autre ins-
« cription (p. 392, nº 76), il s'appelle simplement *L. Sept(imius)*
« *Peregrinus* ».

I, PAGE 428, LIGNE 18.

Cohortes I, II, III, III, V. — Lisez : *I, II, III, IIII, V.*

I, PAGE 429, LIGNES 1 ET 2.

Tianum Sicidinum. — Lisez : *Teanum Sidicinum.*

Le texte épigraphique (p. 428, avant-dernière ligne) porte *Tiano Silicino,* mais par faute de gravure à corriger par *Teano Sidicino.*

Voy. Mommsen, *C. I. L.,* III, pp. 894, 895.

I, PAGES 431, 432.

La garnison de Lyon.

La cohorte XIII *Urbana,* en garnison à Lyon dès le temps d'Auguste, va, apparemment vers le temps de Vespasien, en résidence à Carthage et est remplacée à Lyon par la Iʳᵉ *Flavia Urbana* de création évidemment flavienne. Plus tard, les deux cohortes ont sans doute permuté ; au deuxième et au troisième siècle, c'est la Iʳᵉ *Flavia* qui aurait été à Carthage, tandis que la XIIIᵉ serait revenue à Lyon (MOMMSEN, *Observ. epigr.* dans l'*Ephemeris*, V, p. 119 ; MARQUARDT, *Manuel*, II, édition DESSAU et DOMASZEWSKI, p. 483, note 1).

M. Hirschfeld *(la Police de sûreté dans l'empire romain,* p. 17 et note) ajoute : « Qu'elles aient été laissées dans ces villes posté-« rieurement à Hadrien, c'est ce dont je puis douter ».

I, PAGE 449.

Addition aux Inscriptions perdues ou non entrées au Musée :

Émérite. — ..... Minnius Venustus (inscript. trouvée en 1757.
à Saint-Romain-en-Galle ; voy. ALLMER, *Inscript. de Vienne*, I.
n° 109; HIRSCHFELD, *C.*, XII, 1871), *emeritus coh. XIII Urbanae*,
decurio Lug...

Après l'achèvement de son temps de service, Minnius Venustus
était resté à Lyon et y avait été reçu au nombre des membres de
la curie en qualité de décurion. Ce titre et celui de soldat émérite
de la cohorte XIIIe *Urbana* rattachent sûrement l'inscription à Lyon.
quoique trouvée non loin de Vienne, à Saint-Romain-en-Galle, et
en font remonter l'époque antérieurement au règne de Vespasien,
pendant lequel cette cohorte fut transportée à Carthage et remplacée
à Lyon, comme il vient d'être dit (ci-dessus p. 18), par la Ire *Flavia*,
jusque vers le temps d'Hadrien.

I, PAGE 451.

Praefectus vigilum de Rome ou de Lyon ?

M. Hirschfeld *(la Police de sûreté dans l'empire romain*, 1891,
p. 31, et *Procès-verb. des séances de l'Acad. des sciences* de Berlin.
tome XXXIX, p. 875) regarde comme peu vraisemblable un
praefectus vigilum municipal de Lyon, ville « où précisément »,
dit-il, « l'indépendance de l'administration municipale était extrê-
« mement restreinte ».

ADDITIONS ET CORRECTIONS AU TOME II

II, PAGES 6 ET SUIVANTES.

Additions et corrections à la liste des peuples des trois Gaules :

Les trois Gaules.

Noms de peuples dans les trois Gaules d'après les Notes Tironiennes (Extrait d'un récent travail de M. KARL ZANGEMEISTER intitulé *Zur Geographie des romischen Galliens und Germaniens nach den Tironischen Noten*, tirage à part des *Neuen Heidelberger Jahrbüchern*, 1892) :

AQUITAINE, PAGES 7 A 10.

1. Manque. — 2. *Ausciis*. Le nom de la ville chef-lieu est dans Méla *Eliumberrum*, dans l'Itin. Ant. *Climberrum*, dans la T. Peut. *Cliberre*. — 3. *Obsedat(i) campest(res)*, *Obsedat(i) montani*, à rapprocher des *Oscidates campestres* et des *Oscidates montani* de Pline. L'identification avec les *Datii* de Ptolémée n'est nullement certaine. — 4. *Vasatis (Vasates?)*; *Vasarii* dans Ptolémée (non *Vasatii* mais sans doute fautivement), *Vasatae* dans Ammien. Il est douteux qu'ils soient à identifier avec les *Vocates* ou *Bojates*. — 5. Le nom de la ville chef-lieu, *Aquinsis*. — 6. *Vivisci*. — 7. *Nisiobrox* (pour *Nitiobrox*); ville chef-lieu *Aginnum*. — 8. *Petrocorius*; ville chef-lieu *Vesonna*; dans Ptolémée *Vesuna*. — 9. *Rutenus*; ville chef-lieu *Segundunum*; dans Ptolémée *Segodunum*,

sur la T. de Peut. *Segodum.* — 10. *Avernus;* ville chef-lieu *Augustonemetum.* — 11. *Cadurcus;* ville chef-lieu *Divonna;* dans Ptolémée *Dueona* (à corriger en *Devona*). — 12. *Gabal....;* ville chef-lieu *Anderetum.* — 13. *Vellavs.* Inscr. *Vellavi* au génitif. *Rev. épigr.,* II, p. 458. — 14. *Lemofex;* inscr. *Lemovic(us),* notre copie dessinée; Robert, *Bordeaux,* p. 45; Jullian, *Bordeaux,* I, p. 44. Espérandieu, *Inscr. des Lémovices,* p. 213; ville chef-lieu *Augustoretum.* — 15. *Biturex, Biturrex;* ville chef-lieu *Avaricum.* Inscr. *Biturix Cubus,* III, p. 97. — 16. *Santonus;* dans Strabon et Pline *Santoni,* dans Ptolémée *Santones.* Inscr. *[San]tono* au datif, De Boissieu, p. 530. — 17. *Pictavus,* ville chef-lieu *Lemonum.* Inscr. *Pictavo* au datif, II, p. 96.

LYONNAISE, PAGES 10 A 14.

1. *Segusiavus.* Inscr. *Nymphis Cassia Touta Segusiava,* à Luchon (Haute-Garonne), notre copie dessinée : l'A final visible en partie : *Segusiavo* au datif, II, p. 62 ; *Segusiavor(um),* p. 81. — 2. *Aeduus;* villes : *Augustodunum, Cavallonum.* Inscr. *Aeduus, Aedua* sans *h.* — 3. Manque. — 4. *Senonus;* villes : *Agedincum, Autisioderum* (Auxerre). Inscr. *Senonio* au datif, II, p. 70; De Boissieu, p. 102. 5. — *Tricasses, Tricassinus.* Inscr. *Tricassin(o)* au datif, II, p. 75. — 6. Manque. — 7. *Parisius;* ville chef-lieu *Lutecia* (orthographe meilleure que *Lutetia*). — 8. *Carnotenus,* dans Pline *Carnuteni;* villes : *Autricum, Aurelianis* (tardivement en remplacement de *Genabum*). Inscr. *Carnut(...)* et *Carn[.....],* II, pp. 77, 80. — 9. *Alerci Ebroicae;* dans la notice des Gaules *civitas Ebroicorum.* Inscr. *Aulercorum* au génitif. Espérandieu, *Lemov.,* p. 50. — 10. Manque. — 11. *Diablentas(-tus?).* — 12. Manque. — 13. *Turonus;* ville chef-lieu *Caesaredunum.* Inscr. *Turono* au datif, II, p. 80. — — 14. *Andecavus;* ville chef-lieu *Iuliomagum.* Inscr. *Andicav[i]* au génitif, III, p. 93. — 15. *Viliocassus,* dans Ptolémée *Veliocasii;*

ville chef-lieu *Rotomagus.* Inscr. *civitas Veliocassium.* II, p. 487.
— 16. *Caletus.* — 17. *Lixovius,* forme moins bonne que *Lexovius.*
— 18. *Viducasus;* dans Ptolémée le nom de la ville chef-lieu est
Aregenua. Inscr. *civitas Viducass(ium),* II, p. 82 ; De Boissieu,
p. 262. — 19. *Abrincatas(-tus?),* dans la Notice des Gaules *Abrin-
cateni* et *civitas Abrincatum.* — 20. *Unelli;* le nom de la ville
chef-lieu dans Ptolémée *Cruciatonnum.* — 21. *Coriosultae.* Inscr.
Coriosolis (notre copie). — 22. *Redonas.* — 23. *Namnetis(-tes?).*
— 24. *Veneti;* le nom de la ville chef-lieu dans Ptolémée *Dario-
ritum.* Inscr. *Veneto* au datif, II, p. 80. — 25. *Othismus* (écrit par
th, c'est-à-dire le *théta* celtique se prononçant comme *s* mouillée);
ville chef-lieu *Vorgium,* dans Ptolémée *Vorgum* (non *Vorganium).*

BELGIQUE, PAGES 14 A 19.

1. *Sequanus;* ville chef-lieu *Vesontio.* — *Hilvitius;* ville chef-lieu
Aventicum. — 3. *Rabracus,* avec substitution du *b* au *v* consonne.
Inscr. *in Gallia colonias deduxit..... et Rauricam,* II, p. 164. —
4. *Lingonis ;* villes *Andematurnum* et *Tenoderum* (Tonnerre). —
5. *Leucus, Leucia;* ville chef-lieu *Nasium.* — 6. *Mediomatricum.* —
7. Manque. Inscr. *Triboci* au génitif, III, p. 73. — 8. Manque. Une
des villes indiquées par Ptolémée est *Rufiniana* (non *Rufiana).* —
9. Manque. Inscr. *Vangioni* au datif, II, p. 472. — 10. *Trever.*
Inscr. *Trever* au nominatif, III, p. 128. — 11. *Remus;* ville chef-
lieu *Durocortorum.* — 12. *Suessio.* Inscr. *Suessioni* au datif, II,
p. 107. — 13. Manque. Inscr. *Suebanic(t..?);* ville chef-lieu *Reti-
(magus?), Rev. épigr.,* III, p. 159. — 14. *Bellovacum.* — 15. *Vir-
mandus.* Inscr. *Viromand(uo)* au datif, II, p. 109. — 16. *Atrebas.*
Inscr. *Fines Atrebatum,* mill. de Tongres. — 17. *Ambianus;* ville
chef-lieu *Samarobria.* — 18. Manque. — 19. *Nervius;* ville chef-
lieu *Bagiacum,* forme probablement moins bonne que *Bagacum.*
Inscr. *Nervio* au datif, II, p. 111. — 20. *Tunger;* ville chef-lieu

Atuateca. — 21. *Menapius.* — 22. Manque. Villes des *Batavi* dans Ptolémée (§ 1 et 8) *Batavodurum* et *Lugodunum* (Leyde).

II, PAGE 9, § 15.

Expédition des Bituriges en 580 av. J.-C. en Italie et en Germanie.

Plus vraisemblablement, ces émigrations n'eurent lieu que deux siècles plus tard.

II, PAGE 82, LIGNES 3 A 7.

Correction à l'alinéa intitulé : « Eduen » :

Une copie primitive, retrouvée et publiée par M. l'abbé Thédenat dans le *Bulletin des Antiquaires de France*, 1888, p. 219 (voy. *Rev. épigr.*, II, p. 435), permet de rectifier ainsi :

Eduen. — [.....]nius Campanus, de la tribu *Pomptina*, fils de Latinus (Inscr. trouvée en mars 1734, à Grand-Villars, dép. du Jura), *Aeduus, sacerdos III provinciarum Galliar(um), officiis et honoribus omnibus* [*domes*]*ticis functus*, à qui la cité des Séquanes, *Sequani publice*, élève une statue.

L'Eduen, prêtre des trois Gaules, ici rappelé n'était pas fils d'*A(ulus) Latinius ;* il était fils de....... *Latinus*, et il s'appelait .....*nius Campanus*, non pas *Catapanus*. L'inscription donne ainsi ses noms et ceux de son père :

. . . . . . NIO POMP†

n A · LATINI FIL CAM

p A N O

Réduit à sa dernière syllabe et non restituable, son nom reste

inconnu. Il en est de même de son prénom ; l'A du commencement
de la seconde ligne, pris pour l'abréviation du prénom *A(ulus)*,
appartient à la fin du mot *Pomptina*, qui est le nom de la tribu.
L'inscription a été trouvée, non à Morriat, mais à Grand-Villars :
« Il y a sept ou huit jours, à trente pas du Pont-des-Arches, en
« labourant un champ » où depuis longtemps la pierre qui la
portait « résistoit à la charrue » (Lettre d'un nommé Piard,
adressée en date du 24 septembre 1734 à Dunod, auteur d'une
Histoire du comté de la Bourgogne, 1735-1737, p. 209 et suiv.,
avec cette remarque : « Je n'ai point vu de caractères mieux formés
« dans les livres les mieux imprimés »).

II, PAGES 49, 50.

Titre des délégués des trois Gaules : « legatus » et « sacerdos ».

Un important fragment d'une table de bronze, trouvé en 1888
à Italica dans la Bétique, contient une notable partie d'un sénatus-
consulte rendu en l'une des années 176, 177, sur une proposition des empereurs Marc Aurèle et son fils Commode associé à la
dignité d'Auguste, à l'effet de restreindre les dépenses des jeux
que certains fonctionnaires municipaux ou provinciaux étaient
obligés par la loi de donner dans leurs cités.

Pour ces jeux, qui ordinairement étaient des combats de gladiateurs, les fonctionnaires dont il s'agit ne trouvaient le plus souvent
à se pourvoir de combattants qu'auprès des lanistes, à qui ils les
louaient à prix débattu ; le fisc prélevait à titre d'impôt le quart
ou même le tiers du prix. Ayant ainsi, en commun avec le fisc,
intérêt à ce que les prix fussent aussi élevés que possible, les lanistes
en étaient arrivés à des exigences tellement excessives que presque
toujours les fonctionnaires forcés d'avoir recours à eux en étaient

totalement ou partiellement ruinés. Marc Aurèle apporta un remède à cet état de choses abusif en supprimant la part du fisc et en tarifant les prix des gladiateurs d'après l'importance des cités.

De ceux qui bénéficièrent de cet allègement, le fragment ne mentionne que les prêtres des Gaules (lignes 12 à 18) : *O magni Imp(eratores), qui scitis altius fundari remedia, quae etiam malis consulunt qui se etiam necessarios fecerint. Et jam fructus tantae vestrae providentiae emerget. Legebatur etiam nunc apud nos oratio ; sed ubi rumore delat[um es]t quaestus lanistarum recisos, fiscum omnem illam pecuniam quasi contaminatam reliquisse, statim sacerdotes fidelissimarum Galliarum vestrarum concursare, gaudere, inter se loqui. — Erat aliquis qui deploraret fortunas suas creatus sacerdos, qui auxilium sibi in provocatione ad principes facta constituerat. Sed ibidem ipse primus et de consilio amicorum : « Quid « mihi jam cum appellatione? Omne onus quod patrimonium meum « opprimebat sanctissimi Imperatores remiserunt ; jam sacerdos esse « et cupio et opto et editionem muneris, quam olim detestabamur, « amplector! ».*

D'après la partie de cette citation où il est dit qu'au premier bruit répandu que les extorsions des lanistes allaient être réfrénées et que le fisc repoussait désormais comme impur et souillé tout argent provenant de cette source, incontinent les prêtres des trois Gaules se mirent à courir avec empressement les uns vers les autres et à se communiquer en conversations animées leur joie et leurs impressions, on voit qu'au moment où se discutait au sénat la motion proposée par les empereurs, bon nombre de Gaulois nouvellement créés prêtres des Gaules se trouvaient à Rome, venus sans doute pour solliciter, soit un secours pécuniaire qui les aidât à supporter le fardeau de leur nouvel honneur, soit des appuis pour l'appel adressé par eux aux princes afin d'obtenir d'être dispensés ; on voit aussi qu'il s'agit, non pas du prêtre unique créé en assemblée pour présider la session, mais des délégués de toutes les cités composant la circonscription provinciale, les *legati* de l'inscription de Thorigny *(quod cum patria ejus eum inter ceteros legatum creasset)*, qui peuvent d'autant mieux s'être appelés aussi *sacerdotes* qu'ayant mission d'aller desservir solennellement au chef-lieu provincial, au nom de leurs cités, le culte de Rome et d'Auguste, ils remplissaient une réelle fonction sacerdotale.

Que les *sacerdotes fidelissimarum Galliarum vestrarum* soient donc bien les délégués des 60 ou 64 cités des trois Gaules, cela ressort aussi de cet autre passage du bronze d'Italica (lignes 23, 24) : *Censeo igitur inprimis agendas maximis Imperatoribus gratias, qui salutaribus remedis, fisci ratione posthabita, labentem civita- tium statum et praecipitantes jam in ruinas principalium virorum fortunas restituerunt.....* Si le prêtre président était ici seul en question, sa cité seule eût été atteinte, puis une autre cité seule l'année suivante et ainsi de suite, et la plainte relative à l'état périclitant des cités et au rapide acheminement des fortunes des notables vers la ruine ne serait pas justifiée; elle est, au contraire, justifiée pleinement si par *sacerdotes* il faut entendre les délégués des cités, dont chacune voit s'écrouler, chaque année, la fortune d'un de ses plus riches membres ; ceux-ci presque tous ont, en peu d'années, été atteints et plus ou moins ruinés, et elles-mêmes en subissent un notable affaiblissement.

Les spectacles dont les dépenses ont absorbé plus ou moins com- plètement les fortunes des nobles gaulois ne sont pas ceux qui se célébraient au confluent de la Saône et du Rhône, mais les combats de gladiateurs que les délégués des cités étaient obligés de donner chacun dans sa cité dans l'année de sa prêtrise. Dorénavant, ces dépenses seront moins onéreuses ; il y aura des gladiateurs de deux sortes, les uns « ordinaires », *promiscuae multitudinis* ou *gregarii* (l. 25. 36), dont le prix est limité entre 1000 et 2000 sesterces, les autres *meliores* (36), partagés en plusieurs classes et dont le prix ne pourra être ni inférieur à 5000 sesterces ni supérieur à 15000, et il y aura aussi, d'après l'importance des cités, les unes *tenuiores* (l. 48), les autres *fortiores* (l. 49), dans lesquelles les jeux devront être donnés, une classification des combats de gladiateurs basée sur la dépense qu'ils nécessiteront : une classe inférieure ou quatrième de 30,000 à 60,000 sesterces, une troisième classe de 60,000 à 100,000 sesterces, une seconde de 100,000 à 150,000 et une première classe de 150,000 à 200,000 et au-delà.

Encore dans un autre passage du fragment il est parlé des Gaules et des cités des Gaules (l. 56) : *Ad Gallias sed et princeps* ...... *qui in civitatibus splendidissimarum Galliarum veteri more et sacro ritu expectantur, ne ampliore pretio lanistae praebeant quam binis milibus* ......

Ces combattants qui apparaissaient dans les jeux « selon l'usage « antique et le rite sacré » et pour lesquels les lanistes ne devront pas exiger plus de 2000 sesterces, étaient vraisemblablement des condamnés à mort, qui, au lieu de subir leur supplice de la manière ordinaire, périssaient sur l'arène de la main des gladiateurs.

Il arrivait aussi (lignes 50 à 60) que les prêtres pouvaient quelquefois se soustraire à l'obligation d'avoir affaire aux lanistes : c'est lorsqu'ils prenaient de leurs prédécesseurs les gladiateurs que ceux-ci avaient loués ou des combattants libres qui s'engageaient volontairement à eux.

Voir dans l'*Ephemeris epigraphica*, VII, p. 388 à 416, sous le titre d'*Observationes epigraphicae*, l'ample commentaire de M. Mommsen intitulé : *Senatus consultum de sumptibus ludorum gladiatoriorum minuendis.* — HÜBNER, *Corpus inscriptionum Hispaniae latinarum*, II, *suppl.*, 6278.

II, PAGES 82, 83.

Addition aux Inscriptions étrangères relatives à la Lyonnaise à l'assemblée, alinéa intitulé : « Viducasse ».

Inscriptions sur le piédestal de la statue de Titus Sennius Sollemnis.

Sur la face principale :

```
      T · SENNIO  SOLLEMNI  SOLLEMNINI  FILIO
      NON  SINE  SOLIDO  MARMORE  STATVAE
      HONOREM  DEFERRE  CVPIMVS  HEREDIBVSQ
      MANDAMVS  VIR  ERAT  SENNIVS  MERCVRII
   5  MARTIS  ATQVE  DIANAE  PRIMVS  SACERDOS
      CVIVS  MEMORIAE  OMNE  GENVS  SPECTACVLORVM
      ATQVE  TAVRINICIA  DIANAE  RECEPTA  EX
      M IIS  XXVII  EX  QVIBVS  PER  QVATRIDVVM
      SINE  INTERMISSIONE  EDIDERVNT  ETENIM
  10  GRAVITATE  SECTA  ET  MORIBVS  HONESTIS
      PRVDENTIAQVE  SINGVLARI  FVIT  COMMENDABILIS
      MILITIAE  CONSVMMATA  PERITIA  E  CIVITATE
      VIDVCASSIVM  ORIVNDVS  ISTE  SOLLEMNIS
      AMICVS  BENEMERITVS  CLAVDII  PAVLINI
  15  LEG  AVG  PR  PR  PROVINC  LVGDVNENSIS
      FVIT  CVI  POSTEA  LEG  AVG  PENES  EVM  AD
      LEGIONEM  SEXTAM  ADSEDIT  CVIQVE  OB
      SALARIVM  MILITIAE  IN  AVRO  ALIAQ  MVNERA
      LONGE  PLVRIS  MISSA  SVNT  CLIENS  PROBATISSIMVS
  20  AEDINI  IVLIANI  LEG  AVG  PROV  LVGD  QVI
      POSTEA  PRAEF  PRAET  SICVT  EPISTOLA  QVAE
      AD  LATVS  SCRIPTA  EST  DECLARATVR  ADSEDIT
      ETIAM  IN  PROVINCIA  LVGD  VALERIO  FLORO
      TRIB  MIL  LEG  III  AVG  IVDICI  ARKAE  FERRAR
  25  . . . . . . . . . . . . . . . . . . . . . . . . . . . . . .
          TRES  PROV  GALL
      PRIMO  V · MONVMENTVM  IN  SVA  CIVITATE
      POSVERVNT  LOCVM  ORDO  CIVITATIS  VIDVC
          LIBENTER  DED  P  XVIIII
  30      AN  PIO  ET  PROCVL  COS
```

T(ito) Sennio Sollemni, Sollemnini filio, non sine solido marmore statuae honorem deferre cupimus, heredibusque mandamus.

Vir erat Sennius Mercurii Martis atque Dianae primus sacerdos, cujus memoriae omne genus spectaculorum atque taurinicia Dianae recepta ex milibus sestertium XXVII, ex quibus per quatriduum sine intermissione ediderunt, etenim gravitate secta et moribus honestis prudentiaque singulari fuit commendabilis, militiae consummata peritia. E civitate Viducassium oriundus, iste Sollemnis amicus bene meritus Claudii Paulini legati Augusti pro praetore provinciae Lugdunensis, fuit, cui postea legato Augusti penes eum ad legionem sextam adsedit, cuique ob salarium militiae in auro aliaque munera longe pluris missa sunt; cliens probatissimus Aedinii Iuliani, legati Augusti provinciae Lugdunensis, qui postea praefectus praetorio (fuit) sicut epistola quae ad latus scripta est declaratur. Adsedit etiam in provincia Lugdunense Valerio Floro tribuno militum legionis III (?) Augustae, judici arkae ferrariarum . . . . .

Tres provinciae Galliae primo V(iducassi) monumentum in sua civitate posuerunt. Locum Ordo civitatis Viducassium libenter dedit, pedibus XVIIII, anno Pio et Proculo consulibus = 238.

« Nous désirons décerner à Titus Sennius Sollemnis, fils de
« Sollemninus, l'honneur d'une statue, mais avec un piédestal
« de marbre d'un seul bloc, et nous en remettons le soin à ses
« héritiers.

« Sennius était de son vivant prêtre de Mercure, de Mars et de
« Diane ; il est le premier (de sa cité) à la mémoire de qui aient
« été donnés des spectacles de tout genre, notamment des chasses
« de fauves sous l'invocation de Diane ; ces spectacles ont coûté
« 27,000 sesterces, et quelques-uns ont duré quatre jours sans
« interruption ; car c'était un homme d'une gravité peu commune,
« d'une honnêteté de mœurs et d'une prudence très grandes et
« d'une habileté militaire consommée.

« Originaire de la cité des Viducasses, ce Sollemnis fut l'ami bien
« méritant de Claudius Paulinus, légat impérial propréteur de la
« province Lyonnaise, et ensuite fut son assesseur à la légion VIe

« (en Bretagne) et reçut de lui, outre le salaire de sa milice payé
« en or, divers cadeaux pour une valeur bien supérieure.

« Client très considéré d'Aedinius Julianus, légat impérial de la
« province Lyonnaise, qui devint ensuite préfet du prétoire, ainsi
« qu'il appert de la lettre transcrite sur le côté de ce piédestal,
« Sollemnis fut aussi assesseur, dans la province Lyonnaise, de
« Valérius Florus, tribun de la légion IIIᵉ (?) *Augusta*, juge de la
« caisse des mines de fer.....

« Les trois provinces de Gaule ont élevé dans sa cité ce monu-
« ment au premier Viducasse à qui ait été fait cet honneur. L'Ordre
« de la cité des Viducasses a donné avec empressement cet em-
« placement de 19 pieds (en tous sens), l'année du consulat de
« Pius et de Proculus » = 238.

Il faut entendre par *legatus Augusti..... ad legionem sextam* que
Paulinus était légat impérial de la province de Bretagne.

Il est difficile que Sollemnis ait été assesseur dans la Gaule
Lyonnaise d'un tribun de la légion IIIᵉ *Augusta;* cette légion avait
son cantonnement en Afrique et paraît n'en être pas sortie. Plus
probablement il s'agit de la légion VIIIᵉ *Augusta*, qui résidait dans
la Germanie Supérieure, à Agentoratum (Strasbourg), et dont les
vétérans sont assez nombreux à Lyon. Elle apparaît même plusieurs
fois dans la Gaule en différentes circonstances comme corps d'occupation, au commencement du règne de Vespasien aux environs
de Dijon à la limite de la Lyonnaise, sous celui de Domitien dans
ces mêmes endroits et à Néris en Aquitaine et même à Viviers
dans la Narbonnaise. Une faute de transcription, qui aura fait prendre VIII pour III, est d'autant plus concevable que la partie du
texte où se trouve cette mention est très fruste et que la copie de
De Boissieu, que nous avons reproduite, présente d'autres fautes,
par exemple à la même ligne IVDICIARIAE pour IVDICI ARKAE,
et dans la seconde des deux inscriptions suivantes, lignes 5 et 6,
QVINQVEFISCALIS pour QVINQVEFASCALIS.

Sur la face latérale gauche :

```
       EXEMPLVM  EPISTOLAE  CLAVD
       PAVLINI  LEG  AVG  PR  PR  PROV
       BRITANNIAE  AD  SENNIVM  SOL
       LEMNEM  GRATIAM  PROFITENTIS
   5   LICET  PLVRA  MERENTI  TIBI  EX
       ME  PAVCA  TAMEN  QVONIAM
       HONORIS  CAVSA  OFFERVNTVR
       VELIM  ACCIPIAS  LIBENTER
       CHLAMIDEM  CARBASINAM
  10   DALMATICAM  SERDICENAM
       FIBVLAM  AVREAM  CVM  GEMMIS
       LACERNAS  DVAS  TOSSIAM  BRIT
       PELLEM  VITVLI  MARINI  SEMESTRIS
       ALTERAM  EPISTOLAM  TIBI  PROPEDIEM
  15   CVM  VACARE  COEPERO  MITTAM
       CVIVS  MILITIAE  SALARIVM  DE
       H-S  XXV  N  IN  AVRO  SVSCIPE
       DIIS  FAVENTIBVS  ET  MAIESTATE
       SANCTA  IMP  DEINCEPS  PRO
  20   MERITIS  AFFECTIONIS  MAGIS
       DIGNA  CONSECVTVRVS · · · · · · ·
       CONCORDIAE · · · · · · · · · · · · ·
       · · · · · · · · · · · · · · · · · · · · · ·
```

Exemplum epistolae Claudii Paulini, legati Augusti pro praetore provinciae Britanniae, ad Sennium Sollemnem gratiam profitentis.

Licet plura merenti tibi ex me, pauca tamen quoniam honoris causa offeruntur, velim accipias libenter : chlamidem carbasinam, dalmaticam Serdicenam, fibulam auream cum gemmis, lacernas duas : tossiam Britannicam, pellem vituli marini semestris.

Alteram epistolam tibi propediem, cum vacare coepero, mittam. Cujus militiae salarium de sestertiis XXV nummis (millibus) in auro suscipe.

Diis faventibus et majestate sancta Imperatoris, deinceps pro meritis affectionis magis digna consecuturus. ..... concordiae.....

« Copie d'une lettre de remerciement de Claudius Paulinus, « légat impérial propréteur de la province de Bretagne, à Sennius « Sollemnis.

« Bien que tu mérites de moi beaucoup plus, je te prie de vou- « loir bien accepter ces cadeaux, en trop petit nombre puisqu'ils « te sont offerts en témoignage d'honneur : une chlamyde de lin « superfin, une dalmatique de Serdica, une fibule d'or avec des « diamants, deux manteaux : l'un d'étoffe rase, l'autre à la mode « de Bretagne, une peau de veau marin âgé de six mois.

« Je t'enverrai, au premier jour, une autre lettre aussitôt que je « pourrai avoir plus de loisir. Reçois dès à présent pour salaire « de ta milice 25,000 sesterces en or.

« Grâce à la faveur des dieux et de la majesté sainte de notre « empereur, je me procurerai quelques objets plus dignes des « mérites de ton affection .... ».

Il se peut qu'à la ligne 12 on doive plutôt interpréter *lacernas duas,* « deux manteaux » : l'un que le texte appelle *tossiam Brit(annicam),* l'autre *pellem vituli marini semestris.*

Une peau de veau marin passait pour être un préservatif contre la foudre. Suétone rapporte d'Auguste (ch. 29 et 90) qu'il avait une extrême frayeur du tonnerre et des éclairs; c'était depuis que, dans un voyage de nuit, pendant son expédition contre les Cantabres, il avait couru un si imminent danger d'être foudroyé que l'esclave qui précédait sa litière pour l'éclairer avait été tué. A son retour à Rome, il avait élevé sur le Capitole un temple à Jupiter tonnant. Pour se préserver, il portait avec lui toujours et partout une peau de veau marin, dont il s'enveloppait à la moindre menace d'un orage.

Cujus, ligne 16, paraît être une faute ; le sens demande *jam nunc* ou quelque autre chose analogue.

Sur la face latérale droite :

```
     EXEMPLVM  EPISTOLAE  AEDINI  IVLIANI
     PRAEFECTI  PRAETORIO  AD  BADIVM
     COMNIANVM  VICES  PRAESIDIS  AGENTEM
     AEDINIVS  IVLIANVS  BADIO  COMNIANO
  5  SAL  IN  PROVINCIA  LVGDVNENSI  QVINQVE
     FASCALIS  CVM  AGEREM  PLEROSQVE
     BONOS  VIROS  PROSPEXI  INTER  QVOS
     SOLLEMNEM  ISTVM  ORIVNDVM  EX
     CIVITATE  VIDVC  SACERDOTEM  QVEM
 10  PROPTER  SECTAM  GRAVITATEM  ET
     HONESTOS  MORES  AMARE  COEPI  HIS
     ACCEDIT  QVOD  CVM  CL  PAVLINO
     DECESSORI  MEO  IN  CONCILIO  GALL
     IARVM  INSTINCTV  QVORVMDAM  QVI
 15  AB  EO  PROPTER  MERITA  SVA  LAEDI
     VIDEBANTVR  QVASI  EX  CONSENSV  PROV
     ACCVSATIONEM  INSTITVERE  TENTARVNT
     SOLLEMNIS  ISTE  MEVS  PROPOSITO  EORVM
     RESTITIT  PROVOCATIONE  SCILICET
 20  INTERIECTA  QVOD  CVM  PATRIA  EIVS
     EVM  INTER  CETEROS  LEGATVM  CREASSET
     NIHIL  DE  ACCVSATIONE  MANDASSET
     IMMO  CONTRA  LAVDASSET  QVA
     RATIONE  EFFECTVM  EST  VT  OMNES
 25  AB  ACCVSATIONE  DESISTERENT  QVEM
     MAGIS  MAGISQVE  AMARE  COEPI  ET
     COMPROBARE  IS  CERTVS  AMORIS  MEI
     ERGA  SE  AD  VIDENDVM  ME  IN  VRBEM
     VENIT  PROFICISCENS  PETIT  VT  EVM
 30  TIBI  COMMENDEM  RECTE  ITAQVE
     FECERIS  SI  ILLIVS  DESIDERIO · · · · · · ·
     ANNVERIS · · · · · · · · · · · · · · · · · · · · · ·
     · · · · · · · · · · · · · · · · · · · · · · · · · · · ·
```

Exemplum epistolae Aedinii Iuliani, praefecti praetorio, ad Badium

*Comnianum vices praesidis agentem. — Aedinius Iulianus Badio
Comniano salutem.*

*In provincia Lugdunensi quinquefascalis cum agerem plerosque
bonos viros prospexi, inter quos Sollemnem istum oriundum ex
civitate Viducassium sacerdotem, quem propter sectam gravitatem et
honestos mores amare coepi; his accedit quod cum Claudio Paulino
decessori meo in concilio Galliarum instinctu quorumdam qui ab eo
propter merita sua laedi videbantur, quasi consensu prov(inciarum)
accusationem instituere tentarunt. Sollemnis iste meus proposito
eorum restitit provocatione scilicet interjecta quod cum patria ejus
eum inter ceteros legatum creasset nihil de accusatione mandasset,
immo contra laudasset, qua ratione effectum est ut omnes ab accusatione desisterent; quem magis ac magis amare coepi et comprobare.
Is, certus amoris mei erga se, ad videndum me in Urbem venit,
proficiscens petiit ut eum tibi commendem. Recte itaque feceris si
illius desiderio . . . . . annueris. . . . .*

 « Copie d'une lettre d'Aedinius Julianus, préfet du prétoire, à
« Badius Comnianus, remplissant par intérim les fonctions de
« gouverneur.

 « Aedinius Julianus à Badius Comnianus salut !

 « Lorsque j'administrais la province Lyonnaise en qualité de
« *quinquefascalis* (gouverneur à cinq faisceaux), j'ai été à même
« de voir et de connaître la plupart des notables les plus considérés
« comme gens de bien, et j'ai distingué parmi eux ce Sollemnis de
« la cité des Viducasses. Il était prêtre (des Gaules), et, à cause de
« sa gravité peu commune et de l'honnêteté de ses mœurs, j'ai
« commencé à l'aimer. Il arriva que, par l'intrigue de quelques-
« uns, qui, d'après l'idée qu'ils avaient de leurs propres mérites
« se croyaient lésés par Claudius Paulinus, mon prédécesseur, ces
« notables tentèrent, comme si ce fût de l'accord unanime des
« provinces, de dresser une accusation contre lui. Ce Sollemnis,
« mon ami, fit échouer leur projet ; il interjeta opposition sur ce

« que sa cité, en le créant délégué de préférence à d'autres, ne
« lui avait donné aucun mandat relativement à une accusation,
« bien au contraire, n'avait eu qu'à se louer ; cela fit que tous se
« désistèrent de l'accusation. C'est depuis ce temps que je l'ai
« de plus en plus aimé et apprécié.

   « Confiant dans mon amour pour lui, il est venu me voir à
« Rome et m'a demandé en partant de vouloir bien te le recom-
« mander. Tu feras donc bien de lui accorder (si tu le peux) ce
« qu'il désire..... ».

II, PAGES 84, 102 ET 521, LIGNES 21, 17 ET 15.

Le nom complet du grand-père de Caius Julius Victor, fils de
Conconnetodubnus, était vraisemblablement *Agedomopatis* d'après
une monnaie celtique, à la Bibliothèque nationale (MURET, *Catalogue* 1890, n° 10412), sur laquelle on lit, au droit GAIV·IVL
(buste tourné à gauche), et au revers AGEDOMOPATIS. « On
« ne savait pas à quel peuple attribuer cette pièce ; on peut déclarer
« maintenant en toute certitude, la preuve en étant donnée par
« notre inscription, que le Gaulois Agedomopatis était un chef
« santon » (ESPÉRANDIEU, dans la *Revue poitevine et saintongeaise*,
1891, p. 157, et *Epigr. du Poitou et de la Saintonge*, p. 265).

II, PAGE 107, LIGNE 2 DE L'INSCRIPTION.

MELLIOR*i*. — Lisez : MELIOR*i*.

II, PAGE 118.

La *procuratio centenaria* du district d'Hadrumète est mentionnée aussi sur une inscription de la Byzacène *(C., VIII, suppl. 11174, 11175): Vindici. — C. Postumio Saturnino Flaviano e. v., procuratori centenario regionis Hadrimetinae, funcio etiam partibus ducenarii ex sacro praecepto.....*

Henzen (6931) indique, en rapportant l'inscription de Lyon, que la *provincia Hadrumetina* paraît avoir formé le troisième diocèse de la province d'Afrique, dont on sait que les deux autres étaient ceux d'Hippone et de Carthage.

La *procuratio ducenaria* était peut-être celle qui réunissait ces deux derniers diocèses.

II. PAGE 129, LIGNE 3 AVANT LA DERNIÈRE.

Eppius Bellius. — Lisez : Eppius Bellicus.

II, PAGE 134.

Addition au chapitre des Inscriptions religieuses.

Le culte impérial chez les Romains

PAR M. HIRSCHFELD

Traduction extraite de la *Revue épigraphique*, II, pp. 398 à 402 et 413 à 418.

Parmi les institutions de l'empire romain qui ne sont ni des créations originales de ce monde nouveau, moderne même à beaucoup d'égards, ni la continuation d'usages romains, mais qui révèlent de la manière la plus apparente une origine orientale et leur formation sur le modèle hellénique, le culte des empereurs romains et de la famille impériale prend une place prééminente. Née sur le sol de l'Orient grec et transportée en Occident avec la nouvelle monarchie, cette plante exotique s'est acclimatée sur la terre étrangère avec une rapidité surprenante, y a jeté des racines profondes et produit des fleurs d'une sorte particulière.

A l'imitation de l'ancien culte des héros morts, patriotique dans la Grèce, une adulation inventée au temps du déclin de la grandeur hellénique a aussi offert à des héros vivants des hommages surhumains. Ce furent des villes de la Grèce asiatique qui élevèrent à Lysandre, le destructeur de la domination des Athéniens, comme au premier d'entre les Hellènes, des autels ainsi qu'à un dieu, lui offrirent des sacrifices et chantèrent en son honneur des hymnes sacrées. Mais à partir seulement d'Alexandre le Grand et, à la vérité, dans les familles des princes qui se sont en Orient partagé son héritage, ce culte des héros vivants et des souverains est arrivé à son dernier développement d'abord peut-être en Egypte, où, de même qu'en Perse, était déjà d'ancien temps publiquement admise la conception du roi dieu ou fils d'un dieu, et, si nous y voyons les prêtres du désert saluer Alexandre comme fils d'Amon-Ra, ce n'est en réalité que la reconnaissance religieuse du jeune conquérant comme maître de l'Egypte. Alexandre eût-il eu une vie plus longue, certainement lui eussent été décernés de son vivant des honneurs pareils ou même supérieurs à ceux qui, en Egypte et en Syrie, ont été tout de suite et plus tard accordés en si abondante mesure à ses successeurs. Egalement dans le royaume de Pergame, des sacrifices ont été offerts à Eumène Ier avant la prise du titre de roi, et là se montre de la manière la plus visible la marche progressive du culte des Attalides dans les décrets de l'association scénique de Téos dont les prêtres avaient égalé les jeux et le culte aux honneurs des souverains régnants ou apothéosés. De même à Cypre, la vénération divine accordée aux Ptolémées apparaît étroitement liée à celle dont était honoré Bacchus, comme si la désignation des rois orientaux et plus tard des empereurs romains par le surnom de νέος Διόνυσος devait établir un rapprochement significatif entre le culte du souverain et ces sociétés dionysiaques.

A côté du culte du roi, parvenu, au second siècle, à l'égard des Ptolémées, des Séleucides et des Attalides, à son plus complet épanouissement, apparaît immédiatement après l'intervention des Romains dans les affaires asiatiques le culte de la déesse *Roma* dans des villes de l'Asie Mineure, qui, d'avance préparées aux hommages excessifs envers le nouvel astre, plaçaient sous la protection de Rome leur espoir dans leur lutte contre Antiochus. Déjà en 195 avant J.-C., « alors que Carthage existait et qu'en « Asie dominaient des rois puissants », les Smyrnéens avaient élevé, comme plus tard ils s'en glorifièrent, le premier temple de *Roma* (Tacite, *Ann.*, IV, 56). Il y a d'autant moins à douter de cette assertion qu'en l'an 196 Smyrne, à laquelle se joignirent Lampsaque et Alexandrie de Troade, se déclara libre et qu'alliée au roi Attale et aux Rhodiens, elle entreprit contre Antiochus une lutte où elle eut à subir un long siège. L'érection d'un temple de Rome à Smyrne était donc comme le symbole religieux par lequel la ville attestait publiquement s'être vouée à la *Fides populi Romani* et reconnaître Rome pour sa divinité protectrice. D'autres villes n'ont sans doute pas tardé à suivre cet exemple; cela est certain pour Alabanda de Carie, qui, peut-être aussi à l'occasion de la guerre d'Antiochus, aura été obligée d'entrer en rapport d'alliance avec les Romains, et est vraisemblable pour Pergame, ville à l'égard de laquelle une pareille association au dernier siècle de la République est tout particulièrement présumable, bien que jusqu'à présent dénuée de témoignages. Qu'à Athènes ait été élevé aussi un temple à la déesse *Roma* à la suite de la guerre persique, on l'a, il est vrai, supposé, mais non reconnu d'une manière certaine.

A ce culte de Rome sont venus s'ajouter les honneurs divins rendus dans les pays asiatiques grecs aux gouverneurs et aux généraux romains à l'exemple de ce qui déjà avait été fait pour Flamininus le libérateur de la Grèce, honoré de sacrifices et d'hymnes en commun avec Jupiter, *Roma* et la *Fides romana*, d'édifices publics dans la consécration desquels il était associé à Apollon et à Hercule, et même d'un prêtre institué particulièrement pour lui et qu'on trouve en fonctions encore au temps de Plutarque, enfin dans une mesure que n'a peut-être atteinte aucun de ses successeurs. La consécration de temples aux proconsuls romains vraisemblablement en communauté avec les dieux ou avec la déesse Rome est devenue au dernier siècle de la République un hommage entièrement habituel, sanctionné par la loi, et en bénéficiaient tous les gouverneurs quels qu'ils fussent : les bons comme les mauvais. Qu'à Pompée en particulier après son expédition victorieuse en Asie et en mesure encore plus grande à César son vainqueur n'aient pas manqué les honneurs surhumains, on pourrait l'admettre avec certitude même sans preuves. Antoine, comme souverain de l'Orient, a prétendu pour lui-même aux honneurs divins rendus aux Ptolémées et avec encore moins de retenue.

De cette semence et sur ce terrain est né le culte impérial romain, et, s'il n'a pas tout de suite jeté des fleurs encore plus éclatantes, il faut certainement l'attribuer, non au peu d'empressement des sujets, mais à la réserve hésitante du nouveau souverain, à qui l'intérêt dynastique commandait de laisser libre cours à la croyance traditionnelle en Orient à la divinité du monarque et en même temps de faire entre ses sujets orientaux et romains, en désaccord toutefois avec la conduite de son père adoptif au moins au commencement de son règne, une division tranchée, dans laquelle il permit à ceux-ci le culte de son père reconnu dieu, à ceux-là le culte de sa propre divinité. Il n'est nullement étonnant que Pergame, où déjà de si bonne heure le culte des Attalides avait atteint un haut développement, ait été la ville prête la première à accepter le culte d'Auguste en union avec celui de la déesse Rome, et qu'à cet exemple se soient bientôt rattachées en grand nombre d'autres villes de l'Asie Mineure et de la Grèce.

Mais dans les derniers temps de son règne, Auguste s'est laissé honorer d'un culte divin par les Romains eux-mêmes et en Italie à l'exception seulement de la Capitale. Il y a toutefois à considérer que les cités d'Italie dans lesquelles a été reconnu ou un prêtre ou un temple à lui consacré de son vivant, étaient presque toutes des colonies fondées par lui ou des villes placées sous sa protection spéciale. A la première catégorie appartiennent Bénévent, Cumes, Fanum Fortunae, Pise ; à la seconde Asisium et Pompeï, auxquelles sont encore à ajouter les deux ports italiens de Rome : Ostie et Pouzzoles, et peut-être aussi Préneste, la résidence d'été préférée d'Auguste. Malgré cela, le culte d'Auguste ne s'est pas répandu en Italie de manière à y devenir tout à fait commun, car alors on devrait s'attendre à ce que les preuves épigraphiques de cette diffusion s'y rencontrent moins clairsemées qu'elles le sont effectivement, notamment dans la haute Italie. Toutefois, déjà sous son règne, comme cela est maintenant généralement admis, un certain complément a été apporté par l'institution de l'augustalité, qui, ainsi que le nom seul suffit à le faire comprendre, doit son origine au culte augustal et dont le service, presque exclusivement réservé à la classe des affranchis, a motivé, bien qu'avec de nombreuses variétés au début, la création d'une forme commune à l'Italie et aux provinces.

A côté des diverses manifestations du culte sorti de l'initiative municipale apparaît dans l'ouest, dès le temps d'Auguste, le culte impérial de provinces entières, et tout de suite en une forme arrêtée. Par l'entremise personnelle de Drusus, alors à Lyon, fut consacré dans cette métropole du nord, au confluent de la Saône et du Rhône, le 1ᵉʳ août de l'an 742 (av. J.-C. 12), par les trois provinces gauloises annexées par César à l'empire romain, un autel, dont le premier prêtre fut pris chez les Eduens alliés d'ancien temps aux Romains avec le titre de frères ; dans l'immédiat voisinage de cet autel fut élevé un temple, peut-être aussi un amphithéâtre dont les restes existent encore.

De même à Narbonne, la capitale de la province du sud, comme permet peut-être de le conclure une inscription récemment découverte dont nous aurons encore à nous occuper, un temple aurait été élevé sur le forum à Auguste de son vivant, tandis que l'autel à lui consacré en l'an 11 de J.-C. par la reconnaissance du peuple narbonnais, vraisemblablement dans l'immédiat voisinage du temple, ne doit en aucune manière être considéré, ainsi qu'on l'a souvent fait, comme un monument du culte provincial.

Egalement dans l'Espagne césarienne avait été dédié à Auguste dans les premières années de son règne un autel à Tarragone probablement par les habitants de cette capitale; mais le temple que lui éleva ensuite la province est seulement de l'an 15 de J.-C. et conséquemment postérieur à sa mort. Ce que Tacite ajoute dans sa relation relative à ce temple *(Ann.,* 1, 78) : « que l'exemple fut suivi « par toutes les provinces », ne concorde ni avec ce qu'on sait des provinces orientales, ni avec ce qu'on sait des provinces de la Gaule. où, comme on vient de le voir, existait dès auparavant un temple d'Auguste. Au contraire, dans la Bétique comme aussi dans les autres provinces de l'ouest et du nord, il y a absence de témoignages certains, soit pour un culte provincial, soit pour un temple élevé à Auguste de son vivant, excepté pourtant l'*Ara* des Ubiens vraisemblablement délaissée bientôt après l'abandon définitif de la rive droite du Rhin, et peut-être également l'*ara Augusti* de Scardona. ainsi que d'autres institutions analogues dans d'autres provinces. où, bien que connues par des témoignages postérieurs, elles pourraient remonter jusqu'à ce temps. Cependant une inscription nouvellement ramenée au jour en Afrique apporte ce fait remarquable que le culte provincial d'Auguste, au moins sa forme postérieure. n'aurait pas commencé dans cette province avant Vespasien. En Bretagne, au contraire, il apparaît dès le temps de Claude tout de suite après la prise de possession du pays.

Décisive a été pour le développement ou plutôt la restriction du culte impérial la conduite de Tibère. Il ne fit aucune difficulté de

se laisser ériger par les communes d'Asie un temple à Smyrne,
toutefois en communauté, non avec la déesse *Roma*, mais avec sa
mère et le sénat. Rien ne montre d'une manière plus significative
la position souveraine que Tibère eût voulu voir prendre par le
sénat, et à cela répondent au mieux les nombreuses monnaies
frappées en Asie et dans quelques autres provinces sénatoriales,
monnaies qui, selon toute apparence, ne sont pas antérieures à son
règne et célèbrent la ἱερὰ σύγκλητος ou le θεὸς σύγκλητος non seulement
rappelé dans leurs légendes, mais représenté sur leurs faces. En
Occident, au contraire, en réponse à une demande de la Bétique
de lui élever un temple à lui et à sa mère, il refuse énergiquement
et, à la vérité, en donnant pour raison de son refus que de tels
honneurs devaient rester limités au fondateur de l'empire. Ce qui
vient en accord avec cela, c'est que nulle part en Occident ne se
trouvent de temples de Tibère et que des prêtres de cet empereur
se rencontrent seulement en quelques villes de l'Italie, et — fait
remarquable — ne sont même mentionnés dans aucune province
d'Occident, sauf une seule exception d'ailleurs très suspecte *(C. I.
L.*, II, n. 49), bien que l'autorisation impériale pour l'institution
d'un flamine municipal de l'empereur ne fût, selon toute probabilité, pas même nécessaire. Les successeurs de Tibère ont, à la
vérité, suivi d'autres principes, et sans doute l'adulation aura
atteint sous Caligula et sous Néron son point culminant, quand
même les témoignages matériels, après la rigoureuse destruction
des monuments qui leur étaient consacrés, manquent presque
entièrement. Néron se fût toutefois fait dieu de son vivant si la
proposition présentée à ce sujet au sénat n'eût été retirée comme
n'ayant pas la faveur des augures. Domitien, à l'exemple de
Caligula, s'est de son vivant proclamé dieu, mais deux siècles
durent se passer encore avant qu'il trouvât des imitateurs. Avec
Nerva commence et se poursuit jusqu'à Marc Aurèle une série
d'empereurs sages et réservés qui n'ont accepté le culte impérial,
devenu de plus en plus partie intégrante d'une forme gouverne-

mentale dans laquelle s'absorbait déjà presque entièrement l'élément personnel, qu'en ce qu'il constituait une marque de loyauté. Au contraire, le culte de la déesse *Roma*, que sa communauté avec celui du souverain avait de plus en plus repoussé à l'arrière plan, reçut d'Hadrien en Italie et dans les provinces occidentales une nouvelle impulsion par la consécration que lui fit cet empereur ainsi qu'à *Venus Genitrix* sans doute comme mère souche de la famille julienne, d'un magnifique temple commun aux deux déesses.

Nous n'avons eu en vue dans les considérations précédentes que le culte du souverain régnant; il reste à examiner la question de savoir en quelle mesure les autres membres de la famille impériale ont eu part au culte divin. Déjà de bonne heure dans le royaume des Diadoques, l'épouse du roi avait reçu à côté de celui-ci des honneurs divins presque égaux à ceux de son mari, et chez les Attalides, même les frères du roi n'avaient pas été laissés entièrement de côté. De même Livie a, du vivant de son impérial époux, été honorée en Orient comme déesse et eu à Athènes une prêtresse. Un temple d'Octavie, la sœur d'Auguste, élevé peut-être seulement après sa mort, est mentionné par Pausanias à Corinthe. Tibère lui-même a, comme on le voit par le temple dédié à lui et à sa mère à Smyrne, toléré en Orient le culte de l'impératrice mère, et en Occident s'est au moins abstenu d'interdire l'institution de prêtres et de prêtresses pour lui et elle; par contre, il s'est opposé à sa consécration proposée par le sénat. On sait que cette consécration n'eût lieu que sous son petit-fils Claude, après celle de Drusille, la sœur favorite de Caligula, que déjà celui-ci avait antérieurement à l'avènement de Claude placée dans le ciel.

Depuis ce temps l'apothéose devint habituelle non seulement pour les impératrices, mais aussi pour de nombreuses autres femmes de la famille impériale jusque sous Hadrien, qui mit dans l'Olympe même sa belle-mère. Sous les empereurs suivants, à l'exception de l'oriental Sévère Alexandre qui divinisa sa grand-mère Julia Maesa, ces honneurs restèrent, paraît-il, exclusivement réservés aux impératrices.

En Occident, Auguste ne permit aux princes de la famille impériale, ni de leur vivant ni après leur mort, l'accès aux honneurs divins; même à ses petits-fils, désignés pour la succession au trône, il n'a accordé, comme le montrent le célèbre décret des Pisans et non moins le silence des autres inscriptions, aucune part au culte divin officiel, quand même leur a été élevé, à Nimes, après leur mort, un temple encore debout : « la Maison-Carrée ». Il en fut, à la vérité, autrement en Orient. A Mytilène, où pendant deux ans il avait séjourné en exil volontaire, Agrippa fut honoré comme θεὸς σωτὴρ τᾶς πόλιος, son fils Lucius là aussi après sa mort comme θεός, son autre fils Gaius à Athènes comme νέος Ἄρης. Tibère pareillement, avant son adoption et immédiatement après son mariage avec Julie, eut à Nysa de Carie un prêtre à vie ; à Athènes fut fondé pour Drusus *senior*, vraisemblablement non avant le règne de son fils Claude, un culte qui a duré au moins jusque sous Hadrien.

De même, Germanicus et le jeune Drusus ont joui en Orient des honneurs divins ; mais il est remarquable qu'en Occident aussi, dans quelques provinces et exclusivement dans des colonies julio-augustales de la Gaule méridionale et de l'Espagne, leur ont été attribués après leur mort, vraisemblablement sur l'initiative de ces communes, des prêtres particuliers, qui ont dû ne pas survivre à la chute de la famille julio-claudienne ; une apothéose réelle n'a toutefois été accordée à aucun de ces princes. C'est Domitien qui le premier a fait déclarer dieu son fils mort en bas âge : plus tard ces honneurs n'ont été que très extraordinairement reconnus après leur mort à des fils d'empereurs non parvenus au trône. Sous Trajan, le sénat fit encore un pas en avant, il mît au rang des dieux le père de l'empereur, mort avant l'avènement de son fils; ainsi en avait fait Vespasien pour sa femme Domitille, morte lorsqu'il n'était encore qu'homme privé ; il lui fit décerner les mêmes honneurs devenu empereur. Toutefois, l'exemple de Trajan ne fut, pendant le troisième siècle, suivi qu'une seule fois, sous l'empereur Philippe. Que ces divinisations aient eu un caractère moins officiel

que les autres, cela est, à la vérité, non invraisemblable en soi,
mais non à déduire, comme on l'a récemment fait, d'un passage de
Pline le jeune où il est parlé de l'apothéose du père de Trajan.

Toutes ces consécrations, y compris celles des impératrices, n'ont
été d'aucune importance pour le culte provincial; dans les communes, au contraire, les prêtresses municipales des impératrices sont
devenues, à côté des prêtres municipaux des empereurs, une
institution permanente. Je puis d'autant mieux me dispenser de
traiter ici des nombreuses variétés du culte municipal des empereurs que déjà précédemment j'ai entrepris, toutefois dans des
limites locales, une recherche sur ce sujet; mais il ne sera pas
superflu d'exposer, après d'autres qui déjà se sont occupés de cette
matière, la situation des prêtres provinciaux des empereurs particulièrement en Occident, d'autant plus qu'une inscription sur
bronze, tout récemment ramenée au jour à Narbonne et, selon
toute apparence, contemporaine d'Auguste, apporte précisément
à cet égard des éclaircissements précieux.

L'objet du culte provincial, comme cela ressort avec évidence des
témoignages déjà produits pour Pergame, Lyon et d'autres villes,
était l'empereur régnant en association avec la déesse de la capitale
romaine, tandis que le culte du *divus Julius* n'a nulle part été joint
à celui de cette déesse et n'a eu dans les provinces occidentales que
peu d'extension. Après la mort d'Auguste, il y eut à décider si le
culte resterait propre à l'empereur apothéosé ou passerait au nouveau souverain ou peut-être serait commun à l'un et à l'autre.
La question n'a manifestement pas été résolue par un règlement
obligatoire émané de Rome, mais, autant que nous puissions apercevoir, elle l'a été d'une manière conforme à l'institution spontanée
du culte; la régularisation a été laissée à la volonté de chaque province. Ainsi, pendant que notamment en Espagne et en Sardaigne
la réunion du culte des empereurs déifiés après leur mort avec le
culte de l'empereur régnant se montre clairement dans le titre du
prêtre, il n'y a trace de cette réunion dans le titre des prêtres des

autres provinces. La situation particulière de l'Espagne à cet égard trouve peut-être son explication dans le fait que le temple provincial d'Auguste à Tarragone, n'ayant été élevé qu'après sa mort, a été par conséquent dédié au *divus Augustus*; il en est de même dans la Bétique, il ne paraît pas qu'un temple provincial d'Auguste y ait existé pendant son règne. Mais, en général, on peut admettre sans risque d'erreur que le culte provincial est resté, conformément à son origine et à sa tendance, réservé à l'empereur régnant, au lieu que le culte des *divi* a été laissé à la volonté des communes, où il ne manque pas de traces épigraphiques de leurs prêtres.

Le titre du prêtre provincial est *flamen* ou *sacerdos*; en Afrique, en Sardaigne et dans les provinces du Danube, ne s'aperçoit toutefois que le titre de *sacerdotalis* qui régulièrement désigne celui qui a été prêtre provincial. Le titre de *flamen* était, d'après le témoignage des inscriptions, usité en Espagne, dans la Narbonnaise et dans les provinces des Alpes; au contraire, à Lyon, en Afrique et dans les pays danubiens, domine entièrement celui de *sacerdos*; ces diversités sont en réalité sans importance, mais font voir que la régularité des formes du culte n'émanait pas d'une prescription générale venue d'en haut. Peut-être a-t-on choisi le premier titre (*flamen*) en considération de ce que le prêtre provincial impérial, ainsi que le montre d'une manière non douteuse le règlement nouvellement retrouvé à Narbonne, devait être modelé pour ses droits et ses obligations sur le flamendial de Rome; ce serait une marque ostensible de la situation prééminente que le culte impérial était appelé à prendre dans les provinces.

De même qu'au flamendial était adjointe sa femme pourvue d'un caractère sacerdotal et de certains droits et de certaines attributions, de même au flamine impérial était adjointe la sienne d'une manière analogue : [*uxor fla*]*minis*, est-il dit dans le document de Narbonne, *veste alba aut purpura vestita........ neve invita jurato, neve corpus hominis mor*[*tui attingito, neve funus exsequitor? nisi necessa*]*rii hominis erit, eique spectaculis publicis ejus* [*provinciae loco.........*

interesse liceto], prescriptions évidemment copiées de celles du flamendial et restreintes exclusivement à la femme de ce flamine. Sans doute aussi, dès l'introduction du culte provincial, la femme du flamine de la province eut, comme celle du *flamen Dialis*, dès l'introduction du culte le titre de *flaminica*, et, de même que celle-ci était prêtresse de Junon, de même le culte des impératrices dut bientôt échoir à la *flaminica*, quand même en premier lieu elle doit n'avoir été que la femme du flamine, partageant les fonctions religieuses de son mari. Mais en aucune manière on ne devra admettre qu'il n'aurait été institué de prêtresses provinciales qu'après l'apothéose de Livie par Claude, car le culte provincial était, comme nous l'avons vu, réservé en première ligne au souve-.rain vivant et n'a embrassé qu'exceptionnellement les apothéosés. Du reste, la participation des femmes à la prêtrise provinciale paraît ne pas s'être étendue à toutes les provinces; alors que des *flaminicae* des municipes et des colonies se montrent dans toutes les parties de l'empire romain, des prêtresses provinciales ne se laissent apercevoir qu'en Orient et, parmi les provinces occidentales, seulement en Espagne et en Narbonnaise; au contraire, dans les autres provinces de l'ouest, aucun témoignage d'une prêtresse provinciale n'est jusqu'à présent revenu au jour.

A l'opposé du principe suivi par Auguste en Asie, le culte impérial dans les provinces de l'ouest a été tout de suite laissé exclusivement aux citoyens romains. Dans l'abondante série des prêtres provinciaux que présentent les inscriptions, il n'y en a aucun, sauf peut-être une exception assez suspecte, qui n'ait sûrement ou très vraisemblablement été citoyen romain, et la disposition du règlement de Narbonne (lignes 14, 15) : « que tout flamine provincial, pendant et après l'exercice de « ses fonctions, est membre de sa curie », n'est compréhensible que dans cette supposition. Que les prêtres provinciaux aient, d'après le témoignage des inscriptions, habituellement parcouru préalablement dans leur patrie tous les honneurs et y aient souvent exercé aussi le flaminat municipal, cela peut toutefois, à l'origine, ne s'être pas appuyé sur une prescription légale, mais avoir été seulement d'usage : plus tard, les prêtres provinciaux ont certainement toujours appartenu à l'ordre des décurions, et aucun exemple certain d'un homme parvenu avant l'âge fixé pour le décurionat à la prêtrise provinciale n'est jusqu'à présent connu. Après que l'exercice préalable de la filière des fonctions municipales fut devenu la règle ordinaire, on ne put guère jamais être parvenu à cette dignité avant l'âge de 30 ans.

Sur le mode de l'élection, nos sources littéraires ne nous fournissent aucune donnée, car le témoignage d'Aristide, qui, d'après l'opinion de M. Waddington suivie de confiance par d'autres savants, voudrait dire que ce sophiste, porté par les Smyrnéens dans le concile provincial à la fonction d'ἀρχιερεύς, aurait été élu comme troisième ou quatrième et aurait dû obtenir la validation de son élection par le proconsul, ne concerne pas la prêtrise de l'Asie, les Smyrnéens ayant sur sa demande renoncé à l'y porter, mais au contraire la prêtrise d'Esculape, à laquelle il fut, à la vérité, élu, mais, comme il le dit, grâce à la protection du dieu et avec exemption par le proconsul de toute obligation. Que pour le choix du prêtre provincial en Asie on ait à admettre une ingérence quelconque du proconsul, c'est extrêmement douteux ; mais en accordant même que dans cette province il fallût peut-être quelquefois, à cause de la vive concurrence des nombreuses villes intéressées, recourir à une instance supérieure, certainement dans les provinces occidentales ne se trouve nulle part la moindre trace d'une telle ingérence du gouverneur dans l'élection ; plus vraisemblablement on aura voulu conserver à ces conciles, qui composaient chacun la représentation des provinciaux investis du droit d'exercer un certain contrôle sur les fonctionnaires impériaux, au moins l'apparence de l'indépendance.

En ce qui concerne l'élection du prêtre provincial, il ressort seulement des témoignages épigraphiques qu'elle avait lieu du consentement et souvent par une décision unanime du concile *(ex consensu provinciae)*; sans doute, on aura en cela eu en vue non pas tant le droit d'élection que la confirmation pour la forme d'un choix déjà fait. Il y a même grande apparence de probabilité que les villes autorisées à envoyer une députation à l'assemblée avaient, dans un certain ordre, à fournir le prêtre provincial et que l'élection se faisait dans les communes intéressées, soit par le peuple lui-même comme cela paraît, d'après le récit d'Aristide, avoir été le cas en Asie, soit par les décurions avec une large participation du peuple. En Sardaigne, où l'élection est appelée d'une manière particulière *adlectio*, elle semble avoir appartenu aux décurions de Karales, la capitale du pays. Malheureusement, le chapitre du règlement de Narbonne qui traitait de l'élection du flamine n'a jusqu'à présent pas été retrouvé, et les dispositions dont il parle relativement à la suppléance qui devenait nécessaire au début d'une vacance définitive, ne nous sont parvenues que mutilées. Au cas, y est-il expliqué, où une élection supplémentaire devant suivre une vacance n'avait pas eu lieu, un suppléant entrait en fonctions trois jours après la notification et accomplissait les sacrifices et autres devoirs de la prêtrise. Quand il avait rempli au moins pendant trente jours cette suppléance, les dispositions stipulées dans la loi pour le flamine régulier lui devenaient applicables. Qui devait être appelé à cette suppléance? c'est une question que l'état incomplet du bronze laisse sans réponse ; cependant les mots de la ligne 20 : *eo ordine habeto quo annuorum flaminum habetur*, et de la ligne 21 : *Siremps lex, jus, causaque esto quae flamini Augu[stali... erit]*, permettent peut-être de conclure qu'un prêtre à vie de la colonie était appelé à remplacer le prêtre provincial. Le plus ancien pontife ou bien un flamine de Jupiter ou de Mars serait peut-être, à cause de l'opposition avec les *annui flamines* ou avec le *flamen Augustalis*, celui auquel on pourrait le plus facilement penser, bien que son existence, au moins pour Narbonne, ne soit pas démontrée.

Les élections avaient lieu nécessairement un certain temps avant la réunion de l'assemblée ; à Smyrne, c'est tout de suite dans la première réunion de l'année que cette question est portée, et les députés ne se rendent à l'assemblée que quelque temps après. Que les flamines provinciaux figurent sur des inscriptions d'Espagne comme *designati*, cela fait voir qu'ils entraient en fonctions, non tout de suite après la tenue de l'assemblée, dont l'époque dans les diverses provinces était très différente, mais peut-être au commencement de l'année magistratique. Le refus d'acceptation de l'élection sans une cause d'excuse légale n'aura sans doute pas été permis, et il ne paraît même pas qu'une immunité impériale, analogue à celle qui exemptait de toutes les charges municipales et sur le fondement de laquelle Aristide, par exemple, échappa à l'irénarchie, ait existé dans l'ancien temps à l'égard de la prêtrise provinciale. C'est Septime Sévère qui, le premier, en Asie d'abord, ensuite aussi dans les autres provinces, établit que la paternité de cinq fils serait un motif de dispense. En Asie, l'hérédité de la prêtrise provinciale, au moins en fait, se montre souvent ; en Occident, au contraire, ne se rencontrent que des cas isolés de l'exercice de la prêtrise par des membres de plusieurs générations d'une même famille.

La fonction de prêtre provincial, comme aussi la prêtrise d'Alexandre et des rois d'Egypte, a été annuelle en Orient aussi bien qu'en Occident ; c'est ce que mettent hors de doute de nombreux témoignages certains et en dernier lieu le règlement de Narbonne, dans lequel les prêtres sont expressément désignés *annui flamines*. Ici encore se révèle clairement l'origine orientale de l'institution, car la durée limitée des prêtrises est en opposition avec les usages romains. Dans les provinces de l'Asie, d'accord avec ce qui avait lieu pour le prêtre égyptien, le prêtre provincial est éponyme, tandis que dans les provinces de l'ouest, l'éponymité est, suivant toute apparence, restée inusitée. En Orient, la réitération de la fonction est fréquente; en Occident, elle a certainement aussi été permise; cependant il est remarquable que les nombreuses inscriptions jusqu'à présent découvertes n'ont offert aucun exemple de réitération.

Sur les fonctions du prêtre provincial, auquel sont attribuées dans les provinces de l'Orient, toutefois non avant une époque tardive, la surveillance et une autorité disciplinaire sur les autres prêtres de la province, les documents sont muets. Dans le débris conservé du règlement de Narbonne, il est parlé de la célébration des sacrifices habituels et de l'emploi consciencieux de l'argent affecté aux besoins du culte et particulièrement à l'entretien et à l'ornement du temple, avec stipulation que le surplus servira à ériger des statues à l'empereur.

A Lyon, il y avait pour les dépenses de l'assemblée et particulièrement pour la célébration des jeux une caisse provinciale, l'*arca Galliarum*, sous l'administration propre de l'association. En Occident comme en Orient, la présidence de l'assemblée et des spectacles qui l'accompagnaient appartenait au prêtre provincial; ainsi s'explique que sur le bronze de Narbonne se trouve consignée parmi les dispositions relatives aux honneurs et aux droits du flamine une prescription concernant le lieu où le concile doit se tenir. Le prêtre provincial était-il obligé de rester toute l'année au chef-lieu de la province? L'attestation, toutefois mutilée de la loi de Narbonne (ligne 4), que pendant la durée de sa fonction il est autorisé à avoir place et droit de vote dans la curie de sa patrie et à assister aux spectacles parmi les décurions, permet de conclure qu'il n'était absent de chez lui que pendant une partie de l'année. Toutefois, il était, tout le temps de sa fonction, exempt de tutelles et vraisemblablement aussi des autres obligations communales. — Des licteurs ou plus vraisemblablement, conformément à l'usage romain, un licteur se tient à la disposition du flamine dans l'exercice de sa fonction. Le costume du flamine dans les sacrifices et aux spectacles et encore, après l'expiration de sa charge, dans les mêmes circonstances et aux jours anniversaires des sacrifices, est la prétexte, tandis que la robe de pourpre reste aux prêtres orientaux et aux flamines municipaux. La femme du flamine doit, d'après les dispositions du règlement narbonnais, paraître dans les occasions solennelles en vêtement blanc ou de pourpre et s'asseoir dans les spectacles à une place d'honneur. La couronne d'or, insigne des prêtres orientaux, ne se montre dans les provinces ni du nord ni de l'ouest à l'exception toutefois de l'Afrique et de la Dacie, qui, repeuplée, comme on sait, de colons en majeure partie tirés d'Asie, offre de nombreuses traces du rite oriental ; c'est seulement au IVe siècle qu'elle forme la parure du prêtre de l'assemblée de l'Italie, institué sur le modèle des prêtres orientaux, au lieu que dans les provinces occidentales, les prêtres provinciaux et vraisemblablement aussi les prêtres municipaux portent, conformément au rite romain, l'*apex* et le bandeau.

Parmi les prérogatives d'honneur accordées dans la loi de Narbonne au flamine sorti de fonctions, indépendamment de sa participation à l'assemblée de sa province et à la curie de sa patrie, — ce que l'énumération de deux *sacerdotales* dans l'album de Thamugas vient également confirmer pour une époque postérieure et pour l'Afrique, — se présente avec un intérêt particulier pour nous le droit d'érection de statues. En conséquence de ce droit, était accordée à l'ancien flamine, sur la proposition de son successeur et vraisemblablement par les membres de l'assemblée décrétant après assermentement et peut-être par vote secret, l'autorisation de s'élever à lui-même, « si dans sa gestion « il n'a rien fait de contraire à la loi », une statue dans la circonscription du temple impérial avec inscription de son nom, du nom de son père, de celui de sa patrie et mention de l'année de son exercice. A Narbonne, où le temple d'Auguste a dû périr,

dans l'incendie de la ville arrivé sous Antonin le Pieux, aucune
de ces statues n'a, il est vrai, jusqu'à présent été ramenée au
jour, mais à Tarragone et à Lyon ont été trouvées, sans doute
dans la circonscription du temple, de nombreuses inscriptions ayant
servi de bases à des statues d'anciens prêtres, et sur lesquelles
sont ordinairement indiqués, conformément à la prescription du
règlement de Narbonne, le nom du père et le lieu d'origine. La
seule différence avec les dispositions prescrites pour Narbonne
consistait, au moins primitivement, en ce que ces statues, à Lyon
sans exception et à Tarragone la plupart, étaient élevées par les
provinces, quelquefois par les cités d'origine ou par les parents,
et alors d'après un décret de l'assemblée; en Espagne, cet honneur
s'est étendu aussi à la flaminique de la province, soit tout de suite,
soit plus tard. En quelle mesure les autres provinces ont-elles
suivi ces usages probablement copiés des coutumes asiatiques, les
inscriptions jusqu'à présent parvenues à notre connaissance ne
permettent pas d'en décider.

Les prêtres provinciaux ont duré au-delà de la chute du paganisme et du triomphe du christianisme. Le culte qu'ils desser-
vaient avait une attache tellement peu étroite avec les anciens
dieux que les empereurs chrétiens purent eux-mêmes s'accom-
moder du culte de l'empereur-dieu avec quelques modifications de
ses cérémonies, notamment la restriction ou l'abolition des sacrifices païens, et c'est ainsi que Constantin, suivant en cela sa conduite prudente vis-à-vis des institutions existantes, a pu permettre,
en la considérant comme indifférente en quelque sorte, la prêtrise
de sa famille : la *gens Flavia*, et a été lui-même le fondateur
de cette prêtrise. Les efforts faits par Julien, l'ennemi du christianisme, pour donner à la prêtrise provinciale une importance
plus grande et en faire un soutien du paganisme vermoulu, sont,
comme toutes les tentatives de cet empereur pour prolonger
artificiellement la vie de l'ancienne croyance, restés sans résultat.
Déjà, vers la fin du IVe siècle, nous trouvons la prêtrise provin-

ciale dépouillée de son caractère religieux et réduite à la célébration et à la présidence des spectacles liés à la tenue des
assemblées provinciales, ces assemblées que les empereurs les plus
chrétiens, poussés par la vive insistance du clergé pour l'abolition
de ce reste du paganisme, avaient pensé à retirer au peuple. Si
donc des chrétiens considéraient comme non incompatibles avec
leur croyance les fonctions, soit du flaminat municipal, soit de la
prêtrise provinciale: si, sous des empereurs tels que Gratien et
Valentinien, un proconsul d'Afrique pouvait être félicité d'avoir
fait de la prêtrise provinciale, alors anxieusement évitée à cause
des frais considérables qu'elle entraînait, un honneur de nouveau recherché; si dans une ordonnance impériale de l'an 400
il est recommandé à un gouverneur de l'Afrique d'apporter à
l'avenir un soin scrupuleux à ce que cette prêtrise ne soit conférée
qu'à des hommes capables, n'est-ce pas là une marque évidente
que l'esprit religieux, de tout temps débile, de ce culte avait
alors entièrement disparu? Il s'est maintenu dans cette forme
effacée jusque dans le Ve siècle; plus tard encore le flaminat
municipal, déjà réduit sous Julien à un simple titre, apparaît
par quelques traces jusque sous Justinien, alors que depuis longtemps les évêques et les prêtres chrétiens ont partout pris possession des refuges du culte païen des dieux et des empereurs
et sont devenus, dans tout l'empire romain, les chefs de la vie
religieuse.

Mais c'est un témoignage frappant pour la continuité du développement humain, là même où en apparence il s'est accompli en
contraste violent avec le passé, que l'église chrétienne a en grande
partie emprunté pour ses conciles et ses prêtres les formes exté-
rieures, les noms et les insignes du culte provincial impérial, qui
pendant trois siècles avait été en Orient et en Occident l'enseigne
de l'unité de l'empire.

II, PAGE 178.

Auguste en Gaule en l'an 727 de Rome, av. J.-C. 27.

La division de la Gaule en trois provinces est à rapporter plus vraisemblablement au voyage des années 738 à 740, av. J.-C. 16 à 14 (pp. 179, 181), pendant lesquelles Auguste s'occupa particulièrement de l'organisation du pays (Dion, 54, 25).

Voir ci-dessus, page 1.

II, PAGE 187, LIGNE 16.

Solidus ou pièce d'or. — Lisez : *solidus* ou sou d'or.

II, PAGE 229.

Civilisation et bien-être. — Les Romains n'imposaient pas de force leur civilisation à leurs sujets, mais s'appliquaient à les y attirer progressivement par la séduction des privilèges et des honneurs attachés au droit de cité romaine, et, en même temps, à rendre de plus en plus facile l'accès à ces avantages ; ils en ont agi de même dans la Gaule. Devenaient citoyens romains ceux à qui l'empereur accordait le droit de cité, ceux qui dans leurs cités parvenaient aux magistratures ou même simplement au décurionat, ceux qui servaient dans l'armée romaine soit à leur enrôlement s'ils entraient dans les légions, soit à leur libération s'ils faisaient partie des troupes auxiliaires, et la Gaule était un des pays qui fournissaient le plus de soldats ; puis encore les esclaves affranchis par un citoyen romain. Le droit se transmettait aux descendants, et l'on peut juger combien devait être considérable en peu de temps le nombre des personnes ainsi élevées de la condition barbare ou servile à la condition de citoyen de Rome, portant le vêtement romain, s'appelant de noms romains, parlant le langage romain, adorant les dieux romains, ne ressortissant qu'aux tribunaux romains, formant dans leurs cités une aristocratie brillante et privilégiée, d'autant plus enviable que les portes qui y donnaient entrée étaient plus largement ouvertes.

Au temps où Caracalla accorda, dans les premières années du troisième siècle, le droit de cité romaine à tous les sujets libres de l'empire, les Gaulois devaient en être, en très grande partie, déjà en possession.

II. PAGE 241, LIGNES 2 ET 3.

« Bélus, directeur de la Fortune et maître de Mên ». — L'inscription porte MENTSQVE MAGISTER, non pas MENIS (Hirschfeld, *Corpus inscriptionum latinarum*, XII, 1277).

II. PAGES 287, 288.

Aqueduc de Miribel.

Certaines parties de l'aqueduc sont, d'après une constatation de M. Gabut *(Revue du Lyonnais*, 1889, p. 186), « exactement « métriques : 2 mètres, 5 mètres 50, 1 mètre », autrement dit 6 pieds, 16 pieds 1/2, 3 pieds.

Il résulte de cette observation que l'aqueduc de Miribel a été construit, non pas à la mesure romaine, non pas non plus à la

mesure moderne du mètre, mais à la mesure du pied gaulois, identique, comme l'a depuis longtemps démontré M. Aurès *(Etude des
dimensions de deux chapiteaux du musée de Nimes,* 1888, p. 37 et
suiv.), à notre ancien pied-de-roi, identique lui-même au pied
assyrien.

« Tandis », dit M. Oppert *(Bullet. archéol. de l'Athenaeum fran-
çais,* 1856), « que la mesure de Babylone était égale à celle de
« l'Egypte, celle de Ninive a formé le système des Mèdes et des
« Perses. Nous voyons, après Alexandre, ce système transporté
« en Egypte où il reçoit le nom de philétérien, et de là il a passé
« aux Arabes, qui probablement l'ont imposé à l'Occident, où le
« pied de Ninive est devenu le pied-de-roi de France ».

Puisqu'on trouve des monuments de l'époque romaine faits à la
mesure du pied gaulois, l'introduction de cette mesure dans la
Gaule est évidemment très antérieure à l'arrivée des Arabes en
Occident, et c'est avec toute vraisemblance que M. Aurès conjecture que les Celtes eux-mêmes l'y auront apportée d'Orient, leur
pays d'origine.

II, PAGE 338.

Addition aux inscriptions municipales. — Inscriptions étrangères :

Lugudunensis. — Lucius Carisius Jucundus, affranchi (Inscript. à
Narbonne, C., XII, 4538), *Lugudunensis.*

A cause de l'orthographe, plus probablement de Lyon que de
Saint-Bertrand-de-Comminges, dont il n'y a pas d'exemple que le
nom ait été *Lugudunum*

II, PAGE 353.

Addition aux inscriptions municipales. — Inscriptions étrangères :

Un décurion. — ..... Minnius Vestinus (Inscript. autrefois à SAINT-ROMAIN-EN-GALLE; voy. ALLMER, *Inscript. de Vienne*, I, p. 412; HIRSCHFELD, *C.*, XII, 1871), *emeritus cohortis XIII Urbanae, decurio Lug.*

II, PAGE 353, LIGNE 23.

Cinquante places dans le cirque. — Lisez : cinq cents places.

II, PAGE 400, LIGNE 1 DE L'INSCRIPTION.

M · D — Lisez : D · M, c'est-à-dire *Diis Manibus.*

II, PAGE 428, A LA SUITE DE LA LIGNE 2.

Addition aux inscriptions municipales. — Sévirs augustaux :

167 ^{bis}

Epitaphe d'un sévir augustal, membre de la corporation des charpentiers.

Arcade LIV. — Cippe incomplet en haut et à gauche, encore

pourvu de sa base, mais dont le couronnement a été retaillé par-
devant au ras du dé; trouvé le 20 mai 1892 à Vaise, près de la
station de Gorge-de-Loup, quartier de CHAMPVERT, presque à
fleur du sol, en creusant pour l'établissement d'une rigole d'assè-
chement. — Hauteur 1 m. 10, du dé 0 m. 62, largeur 0 m. 52.

d   *m*

*et me mo*RIAE · AETERNA*e*

| ·*c*AESONI · NICONIS

|ĪĪĪĪ] VIRI · AVG · LVG · CORPO

*ra*TI · INTER · FABROS · TIGN

LVG · CONSIST

| · *ca es*ONIVS · MENAS · CON

*li*BERTO OPTIMO

PONEND · CVR · ET · SVB · AS

CIA · DEDICAVIT

Copie de notre collègue M. Dissard : Lettres d'assez bonne forme,
vraisemblablement du deuxième siècle ; l'A et l'*e* à la fin du mot
AETERNA*e* probablement liés en un monogramme faute de
place pour un E séparé.

Allmer, *Revue épigraphique*, III, p. 168.

Diis Manibus et memoriae aeternae ..... *Caesonii Niconis, seviri
Augustalis Lug(udunensis) corporati inter fabros tign(uarios)
Lug(uduni) consistentes ;* ..... *Caesonius Menas conliberto optimo
ponendum curavit et sub ascia dedicavit.*

« Aux dieux Mânes et à la mémoire éternelle de .... Caesonius
« Nico, sévir augustal de Lyon, membre de la corporation des
« charpentiers domiciliés à Lyon ; ..... Caesonius Ménas à son
« excellent co-affranchi a élevé ce tombeau et l'a dédié sous
« l'*ascia* ».

La mutilation du texte ne permet de connaître le prénom d'aucun des deux Caesonius qu'il mentionne, mais une inscription depuis longtemps perdue, autrefois dans l'église de St-Irénée, où elle se voyait « au pavé de la nef » (De Boissieu, p. 182, d'après Paradin, p. 429; Allmer et Dissard, II, p. 429), était l'épitaphe d'un sévir augustal nommé M(arcus) Caesonius : *D·M· et securitati aeternae Iulia Marcia, conjunx M. Caesoni(i), viro quondam sibi carissimo, IIIIII vir(o) Aug. c. C. C. Aug. Luguduni, viva in suo posuit et sub ascia dedicavit.* M. Dissard le suppose un affranchi et probablement du même maître que les deux co-affranchis de l'inscription de Vaise. Il serait alors certain qu'ils s'appelaient tous trois *Marcus* du prénom de leur patron commun.

Caesonius Nico était, en même temps que sévir augustal de Lyon, membre de la corporation des *fabri tignuarii Lug(uduni) consistentes,* c'est-à-dire des charpentiers demeurant à Lyon. Il n'est, en effet, pas rare de trouver admis dans des corporations de gens de métiers des personnes sans profession ou d'une profession autre que celle du corps dans lequel elles étaient admises. Le chapitre des sévirs augustaux des Inscriptions de Lyon en fournit de nombreux exemples : *Toutius Incitatus, sevir Augustalis Lug. et nauta Araricus, item centonarius Lug. consistens honoratus, negotiator frumentarius* (ci-dessus, II, p. 415); — *C. Primius Secundus, sevir Augustalis c. C. C. Aug. Lug., curator ejusdem corporis, nauta Rhodanicus, praefectus ejusdem corporis, faber tignuarius Lug. consistens, omnibus honoribus apud eos functus, patronus ejusdem corporis* (p. 421); — *Primius Secundianus, sevir Augustalis c. C. C. Aug. Lug., nauta Rhodanicus Arare navigans, corporatus inter fabros tign. Lug. consistentes, negotiator muriarius* (p. 424), etc., etc. Le but de ces associations était bien moins professionnel que funéraire; ce qu'on s'y proposait avant tout, c'était de s'assurer, au moyen de cotisations mensuelles cumulées, une plus convenable sépulture et une suite plus nombreuse au jour des funérailles.

Ces collèges funéraires sous noms de collèges d'artisans n'étaient

pas à nombre illimité; on croit (voy. *Revue épigr.*, II, p. 421)
qu'ils ne pouvaient généralement pas se composer de plus de
soixante membres et qu'ils n'étaient autorisés à les réunir qu'une
fois par mois.

II, PAGE 493, LIGNES 5 A 9

Fragment faisant mention d'un utriculaire de Lyon et considéré
comme suspect.

De nouveaux témoignages parvenus à la connaissance de M. Hirschfeld (*C.*, XII, 1742, *Add.*) lui paraissent mettre hors de doute
l'authenticité du fragment.

II, PAGE 509, LIGNE 4 AVANT LA FIN.

DE VELLEFOSSE. — Lisez : DE VILLEFOSSE.

ADDITIONS ET CORRECTIONS AU TOME III

III, PAGE 17, LIGNE 20.

L·D·D·D. — Lisez peut-être : *l(aetus) d(ono) d(at) d(edicat).*

III, PAGE 23, LIGNE 26 ET FIN.

« On ne comprend pas ce qu'il (Albin) serait allé faire à Tournus,

« sur la rive droite de la rivière ; on ne comprend pas davantage
« que, vainqueur à Tournus, Septime Sévère ne se fût pas tout de
« suite mis à la poursuite de l'armée disloquée de son ennemi.... »
— Supprimez toute la première partie de la phrase et lisez : On ne
comprend pas que, vainqueur à Tournus, Septime Sévère etc.

III. PAGE 26, AVANT-DERNIÈRE LIGNE.

horta numinis. — Lisez : *hortatu numinis*.

III. PAGE 35.

Tombeau de Q. Valerius, à l'extrémité occidentale
de la place de Choulans.

Grandes lettres peintes au minium de 40 et 45 centimètres de
hauteur, occupant en deux lignes toute la largeur dé la face Est du
tombeau.

CoRN / LIV /
CoR / / VVA

Les trois premières lettres de la seconde ligne réduites à de
faibles traces de leur partie supérieure, et de lecture peu certaine :
peut-être l'OPTVMA déjà enregistré à la dernière ligne de la
page.

III, PAGE 52, LIGNE 1.

Felix, le procurateur de la Judée sous Claude, s'appelait, non pas
Claudius, mais Antonius (Tacite, *Hist.*, V, 9).

III, PAGE 86, LIGNE 13.

« Sans doute un esclave », — peut-être plutôt un Grec non citoyen romain.

MÊME PAGE, LIGNE 18.

Caius. — Lisez : Cneus.

III, PAGE 88, LIGNES 5 ET 15.

De Boissieu, page 443. — Lisez : De Boissieu, 409.
De Boissieu, page 434. — Lisez : De Boissieu, 499.

III, PAGE 112, LIGNES 16 A 19.

Langres colonie?

Langres est appelée colonie sur cinq inscriptions (MOWAT, *Revue archéol.*, 1890, pp. 45, 48, 55, 64, 73) : ..... [*sevir A*]*ug(ustalis) colon(iae)* ; — ..... *l(ibertus) coloniae Lingon(um)* ; .... *libertus coloniae Lingonum* ; — ..... [*liberta*] *c(oloniae)* ; — ...... *c(oloniae) Lingon(um) servus.*

En présence de cinq textes, sur lesquels le mot *colonia*, plusieurs fois suivi du mot *Lingonum*, est gravé en partie ou en entier, il est difficile de se refuser à reconnaître que Langres n'ait pas eu, au moins temporairement, le titre de colonie.

III, PAGE 124, LIGNE 24.

Ses co-affranchis. — Supprimez le mot : « ses ».

III, PAGE 139, LIGNE 19.

D· M· C· Acuronii Sattonis. — Ajoutez : *Treveri.*

MÊME PAGE, LIGNE 25.

Chemin de Montriblond. — Lisez : chemin de Montribloud.

III, PAGE 170, LIGNE 17.

L'épouse d'Atonius Orfitus. — Lisez : d'Antonius Orfitus.

III, PAGE 227, LIGNE 17.

Absente de fautes. — Lisez : exempte de fautes.

III, PAGE 316.

Partie métrique de l'inscription. — M. Mommsen lit ainsi le premier vers :

Longus amor perit dire(m)pta morte recept(a).

La fin du second vers témoigne de l'intention de faire un hexa-mètre ; on pourrait peut-être le rétablir ainsi :

[Par] utinam una [nos] fatus texisset utrosque !

III, PAGE 400. LIGNE 13 DE L'INSCRIPTION.

VTRVMO· — Lisez : VTRVMQ·, c'est-à-dire *utrumque.*

III, PAGE 424.

Les fragments enregistrés à cette page en deux groupes réunis sous le n° 413 sont gravés sur une tablette de marbre, dont la face opposée est ornée de moulures qui rendent certain le raccordement tel qu'il suit. — Hauteur o m. 24, largeur en haut o m. 11, en bas o m. 19.

```
     d              M
 . . . . . . . . VL I A
 . . . . . . . VIXIT
 . . . . . . M · VIII
5     . . . . . . II · IVL //
 . . . . S  ET  IN
 . . . . AFRODITE
```

Probablement, l'épitaphe d'une enfant à qui son père et sa mère ont élevé un tombeau.

413bis

Dépôt. — Fragments, au nombre de trois, d'une mince tablette de marbre, découverts au même endroit que les précédents, le premier réduit à une seule lettre, le deuxième complet à gauche seulement, le troisième complet à droite seulement. — Hauteur o m. 15 et 11. largeur o m. 17.

```
  . . .                          M
  L V P V S . . . . . . . . . .  '
  C I V · C A I . . . . . . . . .
  A V I O L A . . ' . . . . . . .
5   . . V I  P A . . . . . . . . .
      . . . . . . . . I ET I . .
      . . . . . . . . R T I O L A
      . . . . . . c o n j V G I · F I . .
      . . . . . . . . . . . . . . . .
```

Martin-Daussigny, n° 1031 *bis* de son Registre d'entrées.

Réduit à ses deux premières lettres C A, le nom de la cité dont Lupus était originaire n'est pas restituable, à moins qu'il ne s'agisse d'une cité des trois Gaules; dans ce cas, on n'en rencontre que trois dont le nom commence par ces lettres : celle des Cadurques dans la province d'Aquitaine et celles des Calètes et des Carnutes dans la Lyonnaise.

III. PAGE 450, LIGNE 17.

La même pensée philosophique, exprimée comme ici en grec et

à peu près dans les mêmes termes, se rencontre sur une inscription de Salones (Hirschfeld, *C.*, III, suppl., 8899) :

Εὐθύμει Ἀστέρι, πολλοὶ πρὸ σοῦ, πολλοὶ μετὰ σέ.
Οὐδεὶς ἀθάνατος !

« Console toi, Asteris; beaucoup avant toi (sont morts), beau-
« coup après toi (mourront). Nul n'est immortel! ».

III, PAGES 452, 453.

201 bis

Epitaphe de Claudius Urbanus, indiquée dubita-
tivement comme perdue.

Arcade XXVIII. — Tablette de marbre, découverte à VAISE, Grande-rue, maison Picard. — Hauteur o m. 40, largeur o m. 35.

```
        D ·        · M
        C L A V D I
        VRBAN · CON
        IVGIS · KARISSI
     5  M I  ·  V I B I A
        T R O F I M E N
        ET · VIBIA · VR
        BANA · FILIA
```

De Boissieu, p. 506, n° 3. — Ne figure ni dans la *Description*

de Comarmond, ni au Registre d'entrées de Martin-Daussigny.
Lecture, traduction, commentaire; voir page 453.

III, PAGE 464, LIGNE 9.

Au mois de janvier 1768. — Lisez : au mois de janvier 1678.

III, PAGE 469.

Epitaphe perdue de Septimia Juliana.

Cippe brisé, dont manquaient le couronnement et les côtés gauche et droit de la partie supérieure du dé ; de provenance primitive
non connue ; extrait, à la prière d'Artaud, par M. Dutillieu, d'un
des murs du jardin de son habitation, rue Masson, quartier de la
CROIX-ROUSSE, et donné au Musée. « Depuis quelques années
« toute trace de ce monument a disparu » (De Boissieu).

```
        . . . . . . ΠΑΙΟΥΑΙ . . . .
        . . . . . ΠΙΑΕΤω . . . . .
        . . . Ιω Ν B̄ Ηu . . . . . .
        . . . . . . . . . uΗΘΕ . . . . .
   5         . . . . ΑΙΙωΘ . . . . . . . .
        . . . . ΔΕΚΕΙΤΑΙCΕΠ
        ΤΙωΟC ΑΙΤΗΤΟC
        ΚΑΙ CΕΠΤΙωΙΑ ΡΟ
        ΥΦΙΝΑ ΓΟΝΕΙC ΤΕΚ
  10    Νω ΤΑΥΚΥΤΑΤω Ε
        CΤΗCΑΝ ET SVB ACI aЕb      sic
```

ARTAUD, *Notice* 1816, p. 24, et *Musée lapidaire*, arcade XV, en copie dessinée : les *omega* et les *mn* faits comme une m de bas-de-casse renversée : ɯ. — De Boissieu, p. 614. — Allmer, *Rev. épigr.*, III, p. 157.

La copie ci-dessus est celle du *Musée lapidaire*; celle de la *Notice* présente quelques différences ; ligne 2 : ΙΠΛΑ ΕΤɯΙΝ; 3 à la fin : Ηɯ; 4 : ɯΠΘΕ; 5 : ΑΓΙɯΘ; 10 : ΤΑΥΚΥΤΑΤΙɯ; 10 et 11 : ΕΟΤΙ ΙΟΛΝ.

Σεπτι]μια Ἰούλι[ανα?. νήπια ἐτω[ν.... μην]ων B̄, ἡμ[ερων..., και]μηθε[ισα ἐν] ἀγνοτ[ητι? ἐνθά]δε κῖται. Σεπτιμ(ι)ος Ἀιτητος και Σεπτιμια Ρουφινα, γονεῖς, τεκνῳ ταχυτατῳ ἐστησαν *et sub ascia dedicaverunt*

Septimia Iuliana (?), infans annorum...... mensium duorum, dierum......, defuncta in innocentia, hic jacet. Septimius Aetetus et Septimia Rufina, parentes, filiae citius (raptae) posuerunt et sub ascia dedicaverunt.

« Septimia Juliana, enfant de..... ans, deux mois et..... jours, « morte dans l'innocence, gît ici. Septimius Aetetus et Septimia « Rufina, ses parents, ont élevé ce tombeau à leur fille prématu-« rément ravie, et l'ont dédié sous l'*ascia* ».

En outre de ses deux copies, Artaud a laissé, dans un manuscrit destiné à accompagner son *Musée lapidaire* et conservé à la Bibliothèque du musée des Antiques, une restitution en lettres capitales, où sont confondues les parties restituées avec les parties non manquantes. Il y donne le nombre des années et des jours de la vie de la jeune Septimia, arbitrairement, puisque ces détails étaient précisément gravés sur les parties de la pierre qui n'ont pas été retrouvées. Pour le nombre des années, il écrit $\overline{\text{T}}$, chiffre impossible, car il signifie 300. Sa traduction par « 3 » fait apercevoir que probablement la restitution n'est pas de lui et qu'il n'aura fait que la transcrire en prenant fautivement un Γ pour un Τ. Il en est de même des chiffre $\overline{KV}$, qu'il adopte pour le nombre des jours (il écrit « heures »). D'abord un V n'est ni une lettre grecque, ni un signe numéral grec ; il le traduit par « 26 ». Ici encore, l'auteur anonyme de la restitution aura marqué un K suivi de l'épisème ἑξύ, ce qui veut dire en effet 26 : mais Artaud, ne connaissant pas ce signe, l'aura rendu approximativement par un V. De Boissieu a corrigé ce V par un Υ, non heureusement du tout, car Υ signifie 400, et il n'a nullement remédié à l'impossibilité en traduisant KΥ par « vingt-quatre ».

Aux lignes 5 et 6, à la suite de KOIMHΘEICA, la restitution donne une série de lettres qui ne présentent pas de sens : EVΛHωOEω ; De Boissieu les remplace par les mots KOINΩ ΠΛΘEΩ, « à la douleur commune (des siens) » qui ont l'inconvénient de répondre à peine aux vestiges reconnaissables ; de plus, il oublie le CΛ nécessaire pour terminer le mot précédent, et à la ligne 6, il écrit KEIΘI au lieu de KEITAI, puis ensuite comme Artaud CEHTIMOC, sans indiquer l'omission de l'I à la dernière syllabe, puis enfin il corrige les fautifs TAΥKΥTATω et ECTI-ICΛN en TΛXΥTΛTTΩ et ECTHCΛN. Dans la traduction du premier de ces mots par *citius raptae* se retrouve bien l'idée exprimée par *citius*, mais un mot répondant à *raptae* manque ; on se serait attendu à quelque chose comme ταχυ ἁρπακτῳ.

Probablement aussi il y avait sur la pierre dans la partie latine ASC, et non AC ; un trait qui apparaît dans la copie dessinée au-dessus de ces deux lettres doit être une petite S inscrite dans l'interligne.

III, PAGE 484, LIGNES 23, 24.

Sur un cippe. — Lisez : Sur un cippe de Saint-Paul-Trois-Châteaux.

ADDITIONS ET CORRECTIONS AU TOME IV
INSCRIPTIONS CHRÉTIENNES

IV, PAGE 87, LIGNE 6.

Est daté du nom de consul. — Lisez : du nom du consul.

IV, PAGE 106, LIGNE 18.

Cinquième siècle. — Lisez : septième siècle.

IV, PAGE 118.

Aurélien, comptant cinq lustres·à la fin de sa vie, est mort à quarante ans. — Lisez : comptant cinq lustres et trois ans, est mort à quarante-trois ans.

IV, PAGE 132, AVANT-DERNIER ALINÉA.

Le nom de la défunte réduit à sa première lettre. — Lisez : à ses premières lettres.

IV, PAGE 140, DANS LE TITRE.

Mois de juin d'une indiction. — Lisez : Mois de juin d'une année.

IV, PAGE 143, LIGNES 1 ET 2.

Datée de la soixante-neuvième année après le consulat de Justinus. — Lisez : soixante-unième.

IV, PAGE 152, DERNIÈRE LIGNE DE L'INSCRIPTION.

ΛII. — Lisez plus probablement : NI.

INSCRIPTIONS DE PROVENANCE NON LYONNAISE

IV, PAGE 197.

12 bis

Fragment d'épitaphe apporté de Sainte-Colombe-lès-Vienne.

Arcade XXXII. — Fragment présentant l'angle supérieur gauche d'une tablette de marbre, trouvé à Sainte-Colombe, dép. du Rhône.

In hoc loc[o] *requiescit bone* [*memoriae* . . . .]

« En ce lieu repose . . . . de bonne mémoire . . . . »
Dissard, n° 1263 de son *Catalogue-inventaire*.

SÉRIE D'INSCRIPTIONS GRECQUES APPORTÉES D'ATHÈNES ET DE SAÏDA

489

(1 à 11)

Epitaphe de Soclès apportée d'Athènes.

489-1. — Partie supérieure d'une stèle à sommet cintré, ornée de rosaces et de feuillages. — Rapportée d'Athènes et donnée par M. A.-M. CHENAVARD. — Marbre blanc. — Hauteur 0 m. 25, de l'inscription 0 m. 05; largeur 0 m. 22.

ΣΩΚΛΗΣ

ΜΟΛ . . .

. . . .

Σωκλης Μολ..... — « Soclès, [fils] de Mol..... ».

Fragment apporté de Saïda (Syrie).

2. — Fragment trouvé par M. le Dr Lortet, à Saïda (Syrie). —

Fragment d'une tablette de marbre blanc. — Hauteur o m. 08,
largeur o m. 085.

```
. . . . . . . . . . . . .
. . . . . . . Α Σ Ι Ν
. . . Ι Ο Υ Ω Ν Π Σ
. . . Ο Λ Ε Μ Ω Ν
. . . . . ΙΕΙΣΑΤοΦοΙΡοΙ

. . . . . . . . . . . . .
```

Peut-être pas funéraire. — Dissard, *Catalogue-inventaire*, n° 1257.

Epitaphe d'Apollonios apportée de Saïda.

489-3. — Petit cippe en forme de colonnette, couronné d'une
guirlande. — Saïda (Syrie). — Marbre blanc. — Hauteur o m. 31,
du texte o m. 14; largeur o m. 08.

```
      Α Π Ο Λ Λ ω
      ΝΙΧΡΗCΤΕ
      Κ Α Λ Α Υ
      Π Ε Χ Α Ι Ρ . .
   5  Ζ Η C Α C
      ΕΤΗΠ . .
```

'Απόλλωνι χρηστὲ καὶ ἄλυπε χαῖρ[ε], ζήσας ἔτη Π . . .

« Bon Apollonios [maintenant] sans chagrin, adieu! Il a vécu
« quatre-vingt. . . . ans ».

Dissard, *Catalogue-inventaire*, n° 1254 : tous les E lunaires.

Epitaphe de Berthoia apportée de Saïda.

489-4. — Cippe couronné. — Même forme que le précédent.
— Saïda (Syrie). — Marbre blanc. — Hauteur o m. 37, du texte
o m. 14 ; largeur o m. 14.

ΒΕΡΘΙωΗ
ΧΡΙϹΤΗ
ΧΑΙΡΕ

Βερθοιη χρηστή χαῖρε. — « Bonne Berthoia, adieu ! ».

Dissard, *Catalogue-inventaire*, n° 1253.

Epitaphe de Diodotis apportée de Saïda.

5. — Petit cippe couronné. — Même provenance. — Marbre
blanc. — Hauteur o m. 26, du texte o m. 11 ; largeur o m. 09.

ΔΙΟΔΟΤΙϹ
ΧΡΗϹΤΕ
ΚΑΙΑΛΥΠΕ
ΧΑΙΡΕ ΖΗ
ϹΑϹΕΤΗ Ι͞Δ

Διοδοτις χρηστὲ καὶ ἄλυπε χαῖρε, ζήσας ἔτη Ι͞Δ.

« Bon Diodotis [maintenant] sans chagrin, adieu ! Il a vécu
« quatorze ans ».

Dissard, *Catalogue-inventaire*, n° 1251 : tous les E lunaires.

Epitaphe de Dometios apportée de Saïda.

489-6. — Petit cippe en forme de colonnette, couronné de la
même façon que les précédents. — Saïda (Syrie). — Marbre
blanc. — Hauteur 0 m. 27, du texte 0 m. 12; largeur 0 m. 11.
— Don de M. le Dʳ LORTET, 1881.

ΔΟΜΕΤΙ
ΧΡΗϹΤΕ
ΚΑΙΑΛΥΠ
ΕΖΗϹΑϹ
ΕΤΗ
ΞΒ

Δομετι χρηστε και αλυπε, ζησας ετη ΞΒ.

« Bon Dometios [maintenant] sans chagrin. Il a vécu soixante-
« deux ans ».

L'épitaphe ne contient pas l'adieu habituel; deux des épitaphes
suivantes présentent la même abstention.

Dissard. *Catalogue-inventaire*, nᵒ 1272 : tous les E lunaires.

Epitaphe d'Hermogenia apportée de Saïda.

7. — Petite stèle en forme de colonnette, découpée dans une
plaque de marbre blanc et ornée, au sommet, d'une guirlande.

— Saïda (Syrie). — Hauteur o m. 30, du texte o m. 12; largeur
o m. 13.

ΕΡΜΟΓΕΝΙ

ΑΧΡΗϹΤΗ

ΧΑΙΡΕΖΗ

ϹΑϹΑΕΤΗ

ΕΜΗΝΕϹ

Δ̄

Ἑρμογενια χρηστη χαιρε, ζησασα ἐτη Ε̄. μῆνας Δ̄.

« Bonne Hermogenia, adieu! Elle a vécu cinq ans, quatre
« mois ».

Dissard, *Catalogue-inventaire*, n° 1256 : tous les E lunaires.

Epitaphe de Zenobis? apportée de Saïda.

489-8. — Petite stèle en forme de colonnette, découpée dans une
plaque de brèche violette. — Saïda (Syrie). — Hauteur o m. 28,
du texte o m. 12; largeur o m. 12. — Don de M. le Dr LORTET,
1881.

..ΗΝΟΒΕΙϹ

ΖΗϹΑϹ

ΚΑΛωϹ

ΕΤΗ ΝΕ

[Ζ]ηνοβεις?, ζησας καλῶς ἔτη ΝΕ.

. « Zenobis? Il a vécu honnêtement trente-cinq ans ».
Dissard, *Catalogue-inventaire*, n° 1273 : tous les E lunaires.

Epitaphe de Sidonios? apportée de Saïda.

489-9. — Fragment d'une petite colonnette funéraire. — Saïda
(Syrie). — Marbre blanc. — Hauteur o m. 12, largeur o m. 07.

.. I Δ O N I

.. E P E

Σ Π C A

C E T Π

. . . .

[Σ]ιδονι? χαῖρε, ζήσας ἔτη . . . . . .

« Sidonius, adieu! Il a vécu . . . . ans ».
Dissard, *Catalogue-inventaire*, n° 1252 : tous les E lunaires.

Epitaphe d'Hygiusa? apportée de Saïda.

10. — Petit cippe en forme de colonnette, terminé par une
couronne. — Saïda (Syrie). — Marbre blanc. — Hauteur o m. 33,
du texte o m. 15; largeur o m. 13.

Υ Γ Ι Ο Υ C

Χ Ρ Η C Τ Η Κ Ε

Α Λ Υ Π Ε Χ Α Ι

Ρ Ε Ζ Η C Α C Α

Ε Τ Η N̄B̄

Ὑγιουσ(α?) χρηστή καὶ ἄλυπε χαῖρε, ζήσασα ἔτη N̄B̄.

« Bonne Hygiusa, [maintenant] sans chagrin, adieu! Elle a
« vécu cinquante-deux ans ».

DISSARD, *Catalogue-inventaire*, n° 1255 : tous les E lunaires.

Epitaphe de Flora apportée de Saïda.

489-11. — Petit cippe en forme de colonnette, couronné d'une
guirlande. — Saïda (Syrie). — Marbre blanc. — Don de M. le D[r]
LORTET. — Hauteur 0 m. 22, du texte 0 m. 10; largeur 0 m. 11.

ΦΛωΡΑΧΡΗC
ΤΗΚΕΑΛΥ
ΠΕΖΗϹΑϹ
ΑΕΤΗΛΕ

Φλωρα χρηστή καὶ ἄλυπε ζησασα ἔτη ΛΕ.

« Bonne Flora, [maintenant] sans chagrin. Elle a vécu trente-
« cinq ans ».

DISSARD, *Catalogue-inventaire*, n° 1271 : tous les E lunaires.

INSCRIPTIONS SUR OBJETS EN TERRE, VERRE, MÉTAL,
OS, PIERRES FINES.

IV, PAGE 224.

Addition aux estampilles sur tuiles :

490-3bis   . . A N I N I A . . .

[C]*aninia*[*num?*] — Sainte-Colombe-lès-Vienne, dép. du Rhône.

IV. PAGES 237, 242, 243. 246, 248. 252, 253. 256.

Additions aux estampilles sur amphores :

494-38 bis   C E L S I

Celsi. — Sainte-Colombe-lès-Vienne. département du Rhône.

38 ter   N C A M I L I
                                M E L I S S I

N(umerii) Camili(i) Melissi. — Lettres en creux. — Sainte-Colombe-lès-Vienne.

73 bis   F S C I M
                                N I A N O

F(iglina?) Scimniano(rum). — Sainte-Colombe-lès-Vienne.

75 bis   G A L L I

Galli. — Sainte-Colombe. — Hirschfeld, *C. I. L.,* XII, 5683-118.

79 bis   I A · 2 A E N I

Sainte-Colombe-lès-Vienne, dans le département du Rhône.

101 bis   M̄R · S L

Sainte-Colombe (Rhône). — Hirschfeld, *C. I. L.,* XII, 5683-185.

494-103 bis |MARTIAL|

Martial(is). — Lettres en creux, anse plate. — Sainte-Colombe.

116 bis   PAR·F

Sainte-Colombe-lès-Vienne, dans le département du Rhône.

121 bis   PROCVLINI

Proculini. — Sainte-Colombe-lès-Vienne. *C. I. L.*, XII, 5683-230.

150 bis   SCA‿·GAB

Sainte-Colombe-lès-Vienne, dans le département du Rhône.

153 bis   SⱺESÅ·Lᵘ

Sainte-Colombe-lès-Vienne, dans le département du Rhône.

156 bis   CSPOĿCLŧ

C(aii) S(empronii) Policliti. — Sainte-Colombe-lès-Vienne.

177 bis   Q‿ℝCRΛC....

Estampille incomplète à droite. — Sainte-Colombe-lès-Vienne.

180 bis   VALER

Valer(ii). — Sainte-Colombe-lès-Vienne, département du Rhône.

IV, PAGES 266, 267.

Additions aux estampilles sur terrines ou tèles :

495-14 bis   IANVARIS

Trois fois sur un fragment. — Sainte-Colombe-lès-Vienne, département du Rhône. — Hirschfeld, *C. I. L.*, XII, 5685-22.

22 bis   PRIMVS

Deux fois sur un fragment. — Sainte-Colombe-lès-Vienne, département du Rhône. — Hirschfeld, *C. I. L.*, XII, 5685-34 *d*.

IV, PAGES 269, 270.

Additions aux estampilles sur poterie non vernissée :

496-1 bis   AGENOR·F·

Agenor f(ecit). — Légende circulaire, filets au pourtour; au centre, une rosace. — Sainte-Colombe, département du Rhône.

7 bis   MARCVS·FE

Marcus fe(cit). — Légende circulaire, chaînette et filet au pourtour; au centre, un annelet. — Sainte-Colombe. — Hirschfeld, *C. I. L.*, XII, 5686-541, *b* 1.

496-8 bis   M A R T I N V S ·

Légende circulaire ; filets au pourtour ; au centre, un globule.
Sainte-Colombe.

15 bis   P E G A S V S · F ·

Pegasus f(ecit). — Légende circulaire entre deux filets ; au centre,
un globule. — Hauteur des lettres 20 millimètres. — Sainte-
Colombe.

IV, PAGES 297, 298, 321, 339, 390.

Additions aux estampilles sur poterie rouge :

497-146 bis   A E P O M A R

Atepomar(us). — Lyon, fouilles exécutées à Trion en l'an 1885.

150 bis   A · T · T · I · C · I · M

Attici m(anu). — Lyon, montée des Carmélites, 1892. Don de
M. TRAVERSE.

429 bis   · · · F I C R E S T I

[O](f)fi(cina) Cresti. — Lyon, quartier du Jardin-des-Plantes.

490 bis   F I R M

Firm(us). — Lyon, fouilles exécutées à Trion en l'an 1885.

953 bis   PALLI·M

Paulli m(anu). —Lyon, fouilles de Trion, 1885. — ALLMER et
DISSARD, *Trion*, n° 1035.

IV, PAGE 443, DERNIÈRE LIGNE.

Corrections aux inscriptions sur médaillons en terre cuite :

Incendiarius.

« Un Génie portant un objet difficile à déterminer ». — Ce sont
les ailes de l'incendiaire; on les lui a, comme on voit, non pas
simplement rognées, mais coupées rasibus aux épaules.

Voy. Lafaye, l'*Amour incendiaire*, dans les *Mélanges d'archéologie et d'histoire* publiés par l'Ecole française de Rome, t. X.

IV, PAGE 445, A LA SUITE DU TEXTE ÉPIGRAPHIQUE.

La vache Io.

*[Lustra]t Amor, taurus latet [Iun]oque furta : Ton[antis,
O] mirandum! an[i]mos fundere [vacc]a potest.*

Le sens est, croyons-nous, celui-ci : « Amour éclaire la scène.
« Aucun taureau ne paraît, et Junon, (devinant) quelque artifice,
« (se dit à elle-même) : C'est chose bien merveilleuse qu'une
« vache puisse enflammer ainsi le cœur du maître du tonnerre ! »

IV, PAGE 448.

Le vaisseau de Danaüs.

Au bord supérieur de la cassure se voit le bas de trois lettres incomplètes : DAN . . .

Dan[*aus*]. = « Danaüs ». — L'inscription, si nous suppléons bien, ne permet pas de doute. C'est le vaisseau de Danaüs, construit par lui et sur lequel il s'enfuit d'Egypte avec ses cinquante filles et vint aborder sur les côtes du Péloponèse, près de Lerne, à l'endroit qui depuis porta le nom d'*Apobathmoi*, c'est-à-dire « Débarcadère ». On voit, à l'avant du navire voguant à pleine voile (le reste manque), un groupe de quatre femmes : quatre des filles du héros, qui paraissent être assises dans la position des rameurs et au repos, tandis que lui, la main armée, enjambe vivement le bord pour s'élancer à terre.

C'est par fausse attribution que, dans nos *Antiquités de Trion* (II, p. 488), le sujet de ce médaillon est rapporté aux aventures d'Ulysse.

IV, PAGE 466.

Addition aux estampilles sur lampes en terre cuite :

501-49 bis   o P o

En creux, sur une lampe dont le disque est orné du monogramme du Christ. — Ancien cabinet de la Ville. — COMARMOND. *Descript.*, p. 86, n° 504.

IV, PAGE 454.

SUPPLÉMENT

ESTAMPILLES DIVERSES DE PROVENANCE ORIENTALE

515
(1 à 8)

515-1. — Anse d'amphore. — Provenance inconnue.

ΕΠΙΕΥΚΡΑΤΙΔΑ
ΚΑΡΝΕΟΥ

Ἐπὶ Εὐκρατίδα[ς] Καρνεου. = « Sous Eucratidas, (fils) de Carneos ».

2. — Anse d'amphore trouvée dans les mines d'Olbiopolis et rapportée par le général vicomte Paultre de la Motte.

ΕΠΙΠΡΑΤΟ
ΦΑΝΕΥΣ
ΔΑΜΟΥ

Ἐπὶ Πρατοφάνευς Δαμου. = « Sous Pratophaneus, (fils) de Damos ».
Ancienne collection Artaud. — COMARMOND, *Descript.*, p. 123, n° 734.

515-3. — Anse d'amphore. — Provenance inconnue.

$$\Sigma\,O\,E\,N$$
$$N\,I\,\Lambda\,A$$

Σοεννιλα. = « Soenila ».

4. — Fragment d'anse d'amphore. — Provenance inconnue.

$$\ldots\ldots\Gamma\,\Omega\,\Sigma$$
$$\ldots\ldots\Lambda X O \Upsilon$$

5. — Anse d'amphore. — Provenance inconnue :

6. — Lampe en argile rouge. — Collection Couchaud :

7. — Au revers d'une statuette en terre cuite représentant un marchand forain. — Asie Mineure. — FRŒHNER, catalogue Gréau. n° 1109.

$$C\;\omega$$
$$\Delta\,\Lambda\,M\,[o]\,\Upsilon$$

Σωδαμου.. = « (Œuvre) de Sodamos ».

513-8. — Sceau rectangulaire en bronze — Lettres en relief dans un encadrement. — Revers muni d'un anneau. — Provenance inconnue, ancienne collection Artaud. — Longueur 74 millimètres, largeur 38 millimètres.

HCYXI
OY

Ἡσυχίου. = « (Sceau) d'Hésychius ».

COMARMOND, *Description*, p. 381, n° 656, gravé pl. 16. — DE BOISSIEU, pp. 443, 445. § XXIX, n° 8, gravé.

Inscription relative à Plautien et à la guerre entre Septime Sévère et Albin.

(I, 33, 112 ; II, 236 et suiv.: III, 23 ; V, 61, 62).

```
   PRAESTITO IOVI S
   C FVLVIVS PLAVTIANVS    (ligne martelee)
   TRIBVNVS · COH · X ·
   PRAET · CVLTOR · NV
 5 MINIS · IPSIVS · PROFIC
   ISCENS · AD · OPPRIMEN
   DAM · FACTIONEM
   GALLICANAM  IVSSV
   PRINCIPIS · SVI · ARAM
   ISTAM  POSVIT
```

Copie A. von Premerstein.

Mommsen, *C.*, III, 4037 : « à Pettau sur la porte de Stirie ;

« maintenant à Gratz »; ligne 1 : PRESTITO; 2 : martelée
dans l'antiquité et donnée vide. — A. von Premerstein, *Archaeol.
épigr. Mittheil. aus Oesterreich* 1888, p. 131; la ligne 2. encore
lisible sous le martelage, et rétablie entière.

Praestito Iovi sacrum. [*C. Fulvius Plautianus*], *tribunus coh(ortis)
X praet(oriae), cultor numinis ipsius, proficiscens ad opprimendam
factionem Gallicanam jussu principis sui, aram istam posuit.*

« A Jupiter Praestes, Caius Fulvius Plautianus, tribun de la
« X⁰ cohorte prétorienne, dévot à sa divinité, a, en partant pour
« aller, par ordre de son prince, réprimer la faction rebelle dans la
« Gaule, dressé cet autel ».

On ne connaissait pas jusqu'à présent d'une manière certaine
le prénom de Plautien; on hésitait entre *Caius* et *Publius*. Cette
inscription lui donne celui de Caius, et, d'accord avec de nombreuses tuiles trouvées à Rome (Marini, *Arv.*, 544, 620; *Syll.*,
893), ne permet plus de doute sur ce prénom.

De plus, elle nous montre Plautien n'ayant encore que le grade
de commandant de la X⁰ cohorte prétorienne à l'époque de la rupture
entre Sévère et Albin, car c'est manifestement à cette rupture et à
la guerre qui s'en est suivie que se rapporte la mention de « la
« faction gallicane » pour la répression de laquelle il partit de la
Pannonie Supérieure sur l'ordre de son prince et vint probablement
jusqu'à Lyon. Il est d'autant plus à présumer qu'il dut prendre
une efficace part à la bataille décisive du 19 février de l'an 197,
que dès le 9 juin suivant on le trouve, sur une inscription de Rome
(*C.*, VI, 224) datée *V idus junias. Laterano et Rufino cos*, élevé
au poste de préfet du prétoire avec rang sénatorial.

Il était admis sur la foi de la Chronique d'Alexandrie que Plautien
avait été assassiné par Caracalla, son gendre, en 203, dans le cours
du mois de février. L'inscription de l'arc érigé à Rome en 204 à
Septime Sévère par les *argentarii*, sur le forum Boarium, vient

infirmer cette opinion ; elle contenait, dans une partie martelée à la suite des noms de Sévère et de Caracalla et de l'impératrice Julie, primitivement suivant une conjecture de M. Bormann *(Bullet. Instit. archéol.* 1867, p. 18), approuvée par M. Mommsen *(C.,* VI, 1035), les noms de sa fille Plautille et le sien. Si cette restitution est entièrement certaine, Plautien vivait encore en 204, et sa mort, placée à tort en 203, doit être repoussée, soit au mois de février 204 dans le cas peu vraisemblable où la date de l'arc se rapporterait aux premières semaines de l'année, soit plus probablement jusqu'au mois de février 205.

Il faut ajouter à cela que toutes les estampilles de briques ou de tuiles qui portent les noms de Plautien appartiennent au court espace de temps compris entre son second consulat qui a commencé avec l'an 203 et sa mort.

On peut constater sur l'inscription de Pettau des indices non douteux de la décadence du style épigraphique. *Praestito* fautivement, croyons-nous, pour *Praestiti, Gallicanam* avec le sens de *Gallicam,* les mots *sui* et *istam* tout à fait inutiles, la mauvaise coupure du mot *proficiscens,* la vicieuse construction de phrase dans laquelle on n'aperçoit pas clairement à quoi se rapporte *ipsius,* marquent déjà, à la fin du deuxième siècle, l'apparition de la barbarie qui va faire de si rapides progrès dans le cours du troisième.

OUVRAGES CITÉS

ALLMER : *Inscriptions de Vienne.* — Vienne, 1875 ; in-8.

— *Suppléments aux Inscriptions de Vienne :* Ier *Supplément*, Vienne 1877 ; IIe *Supplément*, 1878 ; IIIe *Supplément*, 1880.

— *Revue épigraphique du midi de la France.* — Vienne, 1878 et années suivantes ; in-8.

— *Découverte de monuments funéraires et d'objets antiques au quartier de Trion.* — Lyon, 1885 ; in-8.

— *Les Gestes du dieu Auguste d'après l'inscription du temple d'Ancyre, avec restitutions et commentaires extraits du Monumentum Ancyranum 1865-1883 de M. Mommsen.* — Vienne, 1889 ; in-8.

ALLMER ET DISSARD : *Trion. Antiquités découvertes en 1885, 1886 et antérieurement au quartier de Lyon dit de Trion.* — Lyon, 1887-1888 ; in-8.

ALLMER ET GERMER-DURAND : *Épigraphie de la province de Languedoc, préparée par Edward Barry et Eugène Germer-Durand, publiée par M. Albert Lebègue et MM. François Germer-Durand et Auguste Allmer, imprimée sous la direction de M. Allmer.* — Toulouse, 1892 ; in-4.

ANONYME : Manuscrit de la fin du XVIIe siècle, provenant de la bibliothèque du marquis de Ruolz. — Bibliothèque de M. Dissard.

ARTAUD : *Notice des antiquités et tableaux du musée de Lyon.* — Lyon, 1808 ; in-8.

— *Notice des inscriptions antiques du musée de Lyon.* — Lyon, 1816 ; in-8.

— *Lyon souterrain ou observations archéologiques et géologiques faites dans cette ville depuis 1794 jusqu'en 1836.* — Lyon, 1846 ; in-12.

— *Musée lapidaire ou Description des inscriptions antiques réunies au Palais des Arts.* Manuscrit gr. in-4. — Bibliothèque de la Conservation.

— *De la céramie et principalement des vases sigillés des anciens.* — 2 vol. ; in-4, avec 105 planches coloriées. — Manuscrit appartenant à la bibliothèque de l'Académie de Lyon.

Aurès : *Concordance des vases Apollinaires et de l'Itinéraire de Bordeaux à Jérusalem dans toutes les parties qui leur sont communes et comparaison de ces textes avec l'Itinéraire d'Antonin et avec la table Théodosienne.* — Nimes, 1868; in-8.

— *Notes sur les dimensions d'une inscription antique du musée de Nîmes.* — Paris, 1869; in-8.

— *Monographie des bornes milliaires du département du Gard.* — Nimes, 1877 ; in-8.

— *Encore le pied gaulois.* — Nimes; 1870, in-8. Une planche.

Beaudouin : *Le Culte des empereurs dans les cités de la Gaule narbonnaise.* — Grenoble, 1891 ; in-8.

Bégule : *Monographie de la cathédrale de Lyon.* — Lyon, 1880; in-fol.

Bellièvre : *Lugdunum priscum.* — Lyon, 1846; in-12. Le manuscrit original de cet ouvrage de la première moitié du XVIe siècle se trouve à la bibliothèque de la Faculté de médecine de Montpellier. Il en existe une copie dans la bibliothèque de l'Académie de Lyon, c'est celle dont Monfalcon s'est servi pour l'édition de la collection des Bibliophiles lyonnais.

Bergk : *Augusti rerum a se gestarum index cum graeca metaphrasi.* — Gottingue, 1873 ; in-8.

Bernard : *Description du pays des Ségusiaves.* — Paris, 1858; in-8.

— *Le Temple d'Auguste et la nationalité gauloise.* — Lyon, 1863; in-4.

Bloch : *De decretis functorum magistratuum ornamentis. De decreta adlectione in ordines functorum magistratuum usque ad mutatam Diocletiani temporibus rempublicam. Accedit appendix epigraphica.* — Paris, 1883; in-8.

Boecking : *Notitia dignitatum et administrationum omnium tam civilium quam militarium in partibus Orientis et Occidentis.* — Bonn, 1839-1853 ; in-8.

Borghesi : *Œuvres complètes.* — Paris, 1862; in-8.

Bormann, Henzen et Huelsen : *Corpus Inscriptionum latinarum.* — Tome VI : *Inscriptiones urbis Romae latinae* 1876-1882, réunies par Henzen et de Rossi.

Borrel : *Les Monuments anciens de la Tarentaise (Savoie).* — Paris, 1884. Atlas.

Bréghot du Lut, Cochard, etc. : *Archives historiques et statistiques du département du Rhône.* — Lyon, 1824-1832; in-8.

Brossette : *Histoire abrégée ou Éloge historique de la ville de Lyon.* — Lyon, 1711; in-4.

Caillemer : *Établissement des Burgondes dans le Lyonnais au milieu du Ve siècle.* — Lyon, 1877 ; in-8.

CANAT : *Inscriptions antiques de Chalou-sur-Saône et de Mâcon*. — Chalon, 1880 ;
in-folio.

CHARVET : *Histoire de la sainte Église de Vienne*, par M. C. CHARVET, prêtre,
archidiacre de cette église, du titre de la Tour. — Lyon, 1761 ; in-4.
—   *Fastes de la ville de Vienne*, édition Savigné. — Vienne, 1869 ; in-8.

CHARVET Gratien : *Les voies romaines chez les Volkes-Arécomiques*. — Alais, 1874 ;
in-8.

CHORIER : *Recherches sur les antiquités de la ville de Vienne*. — Lyon, 1659 ; in-12.
— Nouvelle édition avec les additions de Cochard. — Lyon, 1828 ; in-8,

COCHARD : *Notice sur Saint-Romain-en-Galles*. — Lyon, 1824 ; in-8.

COMARMOND : *Description du musée lapidaire de la ville de Lyon*. — Lyon,
1854 ; in-4.
—   *Notice du musée lapidaire de la ville de Lyon*. — Lyon, 1855 ; in-8.
—   *Description du musée lapidaire de la ville de Lyon (Supplément)*. —
Lyon, 1857 ; in-4.
—   *Description des antiquités et objets d'art contenus dans les salles du
Palais des Arts de la ville de Lyon*. — Lyon, 1857 ; in-4.

D'ANVILLE : *Géographie ancienne abrégée avec les cartes géographiques nécessaires
pour en faciliter l'intelligence*. — Paris, 1782 ; in-12.

DE BOISSIEU : *Inscriptions antiques de Lyon*. — Lyon, 1846-1854 ; gr. in-4.

DE COLONIA : *Antiquités de la ville de Lyon ou explication de ses plus anciens
monuments*. — Lyon, 1738 ; in-12.

DE LA MURE : *Histoire ecclésiastique du diocèse de Lyon* — Lyon, 1671 ; in-4.

DE LA SAUSSAYE : *Étude sur les tables claudiennes*. — Lyon, 1870 ; in-8.
—   *Les six premiers siècles littéraires de la ville de Lyon*. — Lyon, 1876 ; in-8.

DELORME : *Description du musée de la ville de Vienne*. — Vienne, 1841 ; in-8.

DE NICOLAY : *Description générale de la ville de Lyon*, etc. — Lyon, 1882 ; in-4.

DE ROSSI : *Inscriptiones christianae urbis Romae septimo saeculo antiquiores*. —
Rome, 1861 ; in-fol.

DISSARD : *Inscriptions funéraires de la rue de Trion*. — Lyon, 1883 ; in-8.
—   *Catalogue sommaire des musées de la ville de Lyon*. — Lyon, 1887 ; in-8.
—   *Catalogue-inventaire des musées de Lyon*. Manuscrit ; in-4 — Biblio-
thèque de la Conservation.

DOMASZEWSKI : *Die Fahnen in römischen Heere*. — Wien, 1885, dans les
*Abhandlungen des archaelogisch-epigraphischen Seminares der Universität
Wien*, publiés par Benndorf et Hirschfeld.

Domaszewski et Hirschfeld : *Corpus inscriptionum latinarum.* Supplément
au tome III. — Berlin, 1892 ; in-folio.

Egger : *Latini sermonis vetustioris reliquiae selectae.* — Paris, 1843 ; in-8.

Espérandieu : *Épigraphie romaine du Poitou et de la Saintonge.* — Melle, 1889 ;
in-8. Cartes et planches.
—   *Inscriptions antiques de la cité des Lémovices.* — Paris, 1891 ; in-8. Cartes.
—   *Inscriptions antiques de Lectoure.* — Auch, 1892 ; in-8. Les monuments
sont donnés en reproductions photographiques.

Fabretti *Raphaelis, Gasparis f(ilii), Urbinatis. inscriptionum antiquarum quae in
aedibus paternis asservantur explicatio et additamentum.* — Rome, 1699 ; in-4.

Fazy : *Catalogue du musée d'archéologie de Genève.* — Genève, 1863 ; in-8.

Fière : *Monument romain découvert à Lyon en 1870.* — Vienne, 1878 ; in-8.

Friederichs : *Matronarum monumenta.* — Bonn, 1886 ; in-4.

Giraud : *Les Bronzes d'Osuna.* — Paris, 1874, 1875, 1877 ; in-8.

Gobin : *Note sur des inscriptions et pierres antiques découvertes dans le lit du Rhône.*
— Lyon, 1864 ; in-8.

Greppo : *Lettre à M. le docteur Labus sur une inscription du musée de Lyon.* —
Lyon, 1838 ; in-8.

Gros de Boze : *Explication d'une inscription antique trouvée depuis peu à Lyon*, etc.
— Paris, 1705 ; in-8.

Grotefend : *Histoire des légions,* dans la *Real-Encyclopaedia* de Pauly au mot
Legio. — Stuttgart.
—   *Die Stempel der roemischen Augenaerzte.* — Hanovre, 1867 ; in-8.

Gruter : *Inscriptiones antiquae totius orbis Romani.* — Amsterdam, 1707 ; in-fol.

Guichard : *Funérailles et diverses manières d'ensevelir des Romains,* etc. — Lyon,
1581 ; in-4.

Guigue : *Notice sur une inscription bilingue trouvée à Genay.* — Lyon, 1863 ; in-8.

Henzen : *Volumen tertium collectionis Orellianae supplementa emendationesque
exhibens.* — Zurich, 1856 ; in-8.
—   *Nundina consularia.* — Rome, 1872, dans l'*Ephemeris epigraphica.*
—   *Le Iscrizione graffite nell'escubitorio della settima coorte de Vigili.* —
Rome, 1874 ; in-8.
—   *Acta fratrum Arvalium quae supersunt. Accedunt fragmenta fastorum in
luco effossa,* — Berlin, 1874 ; in-8.

Henzen : *Iscrizioni recentemente scoperte degli equites singulares.*—Rome, 1885 ; in-8.

Herzog : *Galliae Narbonensis provinciae romanae historia.* — Leipzig, 1864; in-8.

Hirschfeld : *Untersuchungen auf dem Gebiete der roemischen Verwaltungsgeschichte.* — Berlin, 1877 ; in-8.

— *Lyon in der Romerzeit.* — Wien, 1877. — Traduction dans la *Revue épigraphique du Midi de la France*, I, 1879.

— *Die Verwaltung der Rheingrenze in den ersten drei Jahrhunderten der Kaiserzeit.* — Wien, 1877 ; in-8.

— Rapport sur une dissertation de M. Schmidt intitulée : *De seviris augustalibus*, dans la *Zeitschrift fur die Oesterreichischen Gymnasien.* — Wien, 1878, in-8.

— *Zur Geschichte des latinischen Rechtes.* — Wien, 1879 ; in-4. — Traduit par M. l'abbé Thédenat : *La Diffusion du droit latin dans l'empire romain.* — Vienne, 1885, in-8.

— *Das Neujahr des tribunischen Kaiserjahres.*— Wien, 1881; in-8.

— *Gallische studien*, I, II, III. — Wien, 1883, 1884 ; in-8. — Extrait du III⁰ fascicule dans la *Revue épigraphique*, II, 1885.

— *Die Kaiserlichen Grabstatten in Rom.* — Berlin, 1886, dans les comptes rendus des séances de l'Académie des Sciences. — Traduction dans la *Revue épigraphique*, II, 1887 et 1888.

— *Zur Geschichte des roemischen Kaisercultus.* — Berlin, 1888, in-8, dans les Comptes-rendus des séances de l'Académie des Sciences. — Traduction dans la *Revue épigraphique*, II, 1888 et 1889.

— *Corpus inscriptionum latinarum.*— T. XII : *Inscriptiones Galliae Narbonensis.* — Berlin, 1888 ; in-fol. Trois cartes.

— *Beitrage zur Geschichte der Narbonensischen provinz.* — 1889, in-8, dans la *Westdeutsche Zeitschrift.*

— *Die retterlichen Provinzialstatthalter.* — Berlin, in-8, 1889, dans les comptes-rendus des séances de l'Académie des Sciences.

— *Die flamines perpetui in Africa.* — 1890, dans l'*Hermes.* — Résumé dans la *Revue épigraphique*, 1891.

— *Zur Geschichte des Pannonisch-Dalmatischen Krieges.* — Berlin, 1890, dans l'*Hermes*, tome XXV.

— *Die Sicherheitspolizei im roemischen Kaiserreich.* — Berlin, 1891, dans les Comptes rendus des séances de l'Académie des Sciences. — Traduction dans la *Revue épigraphique*, III. pp. 161 et suiv.

— Supplément intitulé : *Die Ægyptische Polizei der roemischen Kaiserzeit nach Papyrusurkunden.* — 1892.

Hübner : *Corpus inscriptionum latinarum.* — Tome II : *Inscriptiones Hispaniae latinae*, 1869, et supplément, 1892. Trois cartes. — Tome VII : *Inscriptiones Britanniae latinae*, 1873. Une carte.

JAHN : *Histoire des Burgondes et de la Burgondie jusqu'à la fin de la première dynastie.* — Halle, 1874 ; in-8.

JULLIAN : *Les Bordelais dans l'armée romaine.* — Bordeaux, 1884 ; in-8.
— *Histoire d'une inscription.* — Bordeaux, 1886 ; in-8.
— *Inscriptions romaines de Bordeaux.* — Bordeaux, 1887 ; in-4.

KLEIN : *Fasti consulares inde a Caesaris nece usque ad imperium Diocletiani.* — Leipzig, 1881 ; in-8.

LAFAYE : *L'Amour incendiaire.* — Rome 1890 ; in-8.

LE BLANT : *Inscriptions chrétiennes de la Gaule antérieures au huitième siècle.* — Paris, 1856-1865 ; in-4.
— *Etude sur les sarcophages chrétiens antiques de la ville d'Arles.* — Paris, 1878 ; in-folio. Planches en héliogravure.
— *Les sarcophages chrétiens de la Gaule.* — Paris, 1886; in-folio.
— *L'épigraphie chrétienne en Gaule et dans l'Afrique romaine.* — Paris, 1890 ; in-8.
— *Nouveau recueil des inscriptions chrétiennes de la Gaule antérieures au huitième siècle.* — Paris, 1892 ; in-4.

LEJAY : *Inscriptions antiques de la Côte-d'Or.* — Paris ; 1889; in-8.

LÉPAULLE : *L'Édit de maximum et la situation monétaire de l'Empire sous Dioclétien.* — Lyon, 1886 ; in-4

LOCARD : *Note sur une tombe romaine trouvée à Lyon et renfermant le masque d'un enfant.* — Lyon, 1882 ; in-8.

LUPI : *Dissertatio et animadversiones ad nuper inventum Severae martyris epitaphium.* — Palerme, 1734 ; in-folio.

MAFFEI : *Galliae antiquitates quaedam selectae.* — Vérone, 1734 ; in-4.

MARINI : *Iscrizioni antiche delle ville e Palazzi Albani.* — Rome, 1785; in-4.
— *Gli atti e monumenti dei fratelli Arvali.* — Rome, 1795 ; in-4.

MARQUARDT : *De provinciarum Romanarum conciliis et sacerdotibus.* — Rome, 1872, dans l'*Ephemeris epigraphica*.
— *Roemische staatsverwaltung*, dans le *Handbuch der roemischen Alterthumer*. — Leipzig, 1873 et suiv. ; in-8. — Le tome V relatif aux finances publiques et à l'armée a été réédité, corrigé et augmenté par MM. Dessau et Domaszewski, 1884.

MARTÈNE et DURAND : *Voyage littéraire de deux bénédictins.* — Paris, 1717-1724; in-4.

MARTIN-DAUSSIGNY : *Notice sur l'inscription de Sabinius Aquila.* — Lyon, 1857 ;
in-8.

—   *Notice sur les découvertes faites en 1859 lors de la démolition de l'ancien hôpital des filles Sainte-Catherine.* — Lyon, 1859 ; in-8.

—   *Notice sur la découverte de l'amphithéâtre antique et des restes de
l'autel d'Auguste.* — Lyon, 1863 ; in-8.

—   *Monuments épigraphiques retirés du Rhône,* etc. — Lyon, 1864 ; in-8.

—   *Registre d'entrées,* manuscrit in-8. — Bibliothèque de la Conservation.

MÉNESTRIER : *Éloge historique de la ville de Lyon.* — Lyon, 1669 ; in-4.

—   *Les divers caractères des ouvrages historiques, avec le plan d'une
nouvelle histoire de Lyon.* — Lyon, 1694 ; in-12.

—   *Histoire civile ou consulaire de la ville de Lyon.* — Lyon, 1696 ; in-fol.

MEYNIS : *Mémorial de la confrérie des SS. martyrs.* — Lyon, 1863 ; in-18.

MILLIN : *Voyage dans les départements du midi de la France.* — Paris, 1811 ;
in-8.

MOMMSEN : *Inscriptiones regni Neapolitani latinae.* — Leipzig, 1852 ; in-folio.
Trois cartes.

—   *Inscriptiones confoederationis Helveticae latinae.* — Zurich, 1854 ; in-
fol. Deux cartes.

—   *Verzeichniss der roemischen Provinzen aufgesetzt um 297.* — Berlin, 1863 ;
in-folio. Une carte. — Traduction par M. Picot intitulée *Mémoire sur les
provinces romaines et listes qui nous en sont parvenues depuis la division
faite par Dioclétien jusqu'au commencement du cinquième siècle.* — Paris,
1867 ; in-8. Carte.

—   *Res gestae divi Augusti ex monumentis Ancyrano et Apolloniensi.* —
Berlin, 1865, in-8. Trois planches. Deuxième édition, augmentée, 1883.
Onze planches en héliogravure.

—   *Étude sur Pline le Jeune.* Traduction de M. C. Morel. — Paris, 1873 ;
in-8.

—   *Corpus inscriptionum latinarum ;* — tome III : *Inscriptiones Asiae, provinciarum Europae Graecarum, Illyrici, latinae.* — Berlin, 1873, quatre cartes ;
— tome V : *Inscriptiones Galliae Cisalpinae latinae.* — Berlin, 1877, deux
cartes.

—   *Suppléments* au tome III. — Mommsen : *Aegyptus et Asia, Achaia,
Epirus, Macedonia, Thracia,* 1889 ; — Domaszewski : *Moesia inferior,* 1889 ;
Dacia, Moesia superior, 1892 ; — Hirschfeld : *Dalmatia,* 1892.

—   *Lex coloniae Iuliae Genetivae Urbanorum sive Ursonis datae ab anno
u. c. DCCX fragmenta nova, additamentum ad Corporis vol. II,* 1874-1877,
dans *l'Ephemeris epigraphica.* — Voyez ci-dessus Giraud : *Les Bronzes
d'Osuna.*

7

MOMMSEN : *Roemisches Staatsrecht*, dans le *Handbuch der roemischen Alterthumer*.
— Leipzig, 1876 et suiv.

—   *Die keltischen pagi*, dans l'*Hermes*. tome XVI.

—   *Die Conscriptionsordnung der roemischen Kaiserzeit*, dans l'*Hermes*,
tome XIX. — Résumé dans la *Revue épigraphique* 1884. — *Die Cunei*.

—   *Die roemischen Provinzialmilizen* dans l'*Hermes*, tome XXII

—   *Lingonische legionziegel*. — Berlin, 1880.

—   *Das roemischen Militarwesen seit Diocletian*. dans l'*Hermes*, tome XXIV.
Résumé avec un tableau des légions dans la *Revue épigraphique*, III, 1890.

—   *Die Ortlichkeit der Varusschlacht*, dans les Comptes rendus des séances
de l'Académie des Sciences. — Berlin, 1885.

—   *Roemische Geschichte*, tome V : *Die Provinzen von Caesar bis Diocletian*.
Berlin, 1885 ; in-8. — Traduction du chapitre III relatif aux *Provinces de
la Gaule*, dans la *Revue épigraphique* II, 1885, 1886 et 1887.

—   *Observationes epigraphicae : Officialium et militum Romanorum sepul-
creta duo Carthageniensia ; — Protectores Augusti ; — Evocati Augusti ; —
Jusjurandum in C. Caesarem Augustum ; — Militum provincialium patriae*,
dans l'*Ephemeris epigraphica*, tome V.

—   *Observationes epigraphicae : Senatus consultum de sumptibus ludorum
gladiatoriorum minuendis factum anno p. C. 176/7*, dans l'*Ephemeris epigraphica*, tome VII.

—   *Observationes epigraphicae : Commentaria ludorum saecularium quinto-
rum et septimorum*, dans l'*Ephemeris epigraphica*, tome VIII (1892). Une
planche en photogravure. — Extrait dans la *Revue épigraphique*, III, 1892.

—   *Zur roemischen Bodenrecht*, dans l'*Hermes*, tome XXVII. — Extrait
dans la *Revue épigraphique*, III, 1891.

—   *Das roemisch-germanische Herrscherjahr*, dans les *Neue Archiv.*, tome
XVI.

—   *Ostgothische Studien*, dans les *Neue Archiv.*, tome XVI.

—   Articles dans la *Korrespondenzblatt der Westdeutschen Zeitschrift für
Geschichte und Kunst*. — Trèves.

MONFALCON : *Monographie de la Table de Claude*. — Lyon, 1851 ; gr. in-fol.

—   Nouvelle édition 1853 augmentée de la Dissertation de Zell, intitulée :
Claudii Imperatoris oratio, etc.

—   *Musée lapidaire de la ville de Lyon*. — Lyon, 1859 ; in-4.

MOREL : *Genève et la colonie de Vienne*. — Genève, 1888 ; in-8.

MOREL (L.-B.) : *Le temple du Châtelet d'Andance*. — Lyon, 1885 ; in-4.

MOWAT : *Le temple de Vassogalate des Arvernes et la dédicace Mercurio Vasso-
caleti*. — Paris, 1875, in-8, dans la *Revue archéologique*.

—   *Marques de bronziers*, dans le *Bull. épigr.* — Vienne, 1884 ; in-8.

Mowat : *Bulletin épigraphique faisant suite au Bulletin épigraphique de la Gaule fondé par Florian Vallentin.* — Vienne, 1884-1886. — Voir ci-après Vallentin Florian et Vallentin Ludovic et Mowat.

—   *Notice épigraphique sur diverses antiquités.* — Paris, 1887 ; in-8.

Muratori : *Novus thesaurus veterum inscriptionum.* — Milan, 1739 ; in-fol.

Noris : *Cenotaphia Pisana Caii et Lucii Caesarum.* — Venise, 1681; in-folio.

Orelli : *Inscriptionum latinarum selectarum amplissima collectio.* — Zurich, 1828 ; in-8. Le tome III a été publié par Henzen en 1856.

Paradin : *Mémoires de l'histoire de Lyon.* — Lyon, 1573 ; in-fol.

Péricaud : *Notice sur Saint-Nizier.* — Lyon, 1830 ; in-8.

Poncet (Docteur Ernest) : *Documents pour servir à l'histoire de la médecine à Lyon.* — Lyon, 1885 ; in-4.

—   *Le Trésor de Planche (commune de Neuville-sur-Ain).* — Lyon, 1890; in-4. Deux planches en photogravure.

Renier : *Itinéraires romains de la Gaule publiés avec les variantes des manuscrits, des tables de concordance et des notes.* — Paris, 1850 ; in-12. Une carte intitulée : *La Gaule de la table Théodosienne* réduite aux deux tiers, publiée par la Société des Antiquaires de France, y est jointe.

—   *Rapports au Ministre de l'Instruction publique sur les inscriptions de l'Algérie.* — Paris, 1851, 1852.

—   *Mélanges d'épigraphie.* — Paris, 1854 ; in-8.

—   *Inscriptions romaines de l'Algérie.* — Paris, 1855 ; in-folio.

—   *Sur une inscription romaine découverte dans les environs de Saint-Gervais-les-Bains en Savoie et sur le véritable nom des anciens habitants de la Tarantaise et du Faucigny.* — Paris, 1856, in-8, dans la *Revue archéologique*, seizième année.

—   *Découverte d'un monument dépendant du temple de Rome et d'Auguste à Lyon.* — Paris, 1859 ; in-8.

—   *Sur une inscription récemment découverte à Orléans.* — Paris, 1863, in-8, dans la *Revue archéologique*.

—   *Inscriptions de Troesmis dans la Mésie inférieure.* — Paris, 1865 ; in-8. Extrait des Comptes rendus de l'Académie des Inscriptions et Belles-Lettres.

Revon : *Inscriptions antiques de la Haute-Savoie. Epigraphie gauloise, romaine et burgonde.* — Annecy, 1870; in-folio. Les monuments sont reproduits en fac-similé.

ROBERT : *Les armées romaines et leur emplacement.* — Paris, 1871. in-4, dans les Mémoires de l'Académie des Inscriptions et Belles-Lettres.

— *Épigraphe gallo-romaine de la Moselle.* — Paris, 1873 ; in-folio. Continuation en 1883. Planches en photogravure.

— *Les étrangers à Bordeaux. Etude d'inscriptions de la période romaine portant des ethniques.* — Bordeaux, 1885 ; in-8. Reproduction des monuments en fac-similés.

ROUX : *Recherches sur le Forum Segusiavorum.* — Lyon, 1851 ; in-8.

SAX : *Epist. ad vir. ampl. eruditiss.* H. Van Wyn, *de vet. medici ocul. gemma sphragide,* etc. — Utrecht, 1774 ; in-8.

SCHUERMANS : *Sigles figulins (époque romaine).* — Bruxelles, 1867 ; in-8.

SEVERT : *Chronologia historica hierarchica illustrissimorum archiantistum Lugdunensis archiepiscopatus,* etc. — Lyon, 1628 ; in-fol.

SIRAND : *Antiquités générales de l'Ain.* — Bourg-en-Bresse, 1855 ; in-8.

SPON : *Recherche des antiquités et curiosités de la ville de Lyon.* — Lyon, 1673 ; in-8. — La Bibliothèque nationale possède un exemplaire interfolié, avec de nombreuses notes de la main de l'auteur. — Nouvelle édition augmentée de notes, etc., par L. Renier et J.-B. Monfalcon. — Lyon, 1858 ; in-8.

— *Miscellanea eruditae antiquitatis.* — Lyon, 1685 ; in-folio.

— *Voyage d'Italie, de Dalmatie, de Grèce et du Levant.* — La Haye, 1724 ; in-12.

STEYERT : *Défense de l'étymologie de Lugdunum,* où l'on examine qui a pu mieux savoir la langue des Celtes : des gens qui ont vécu de leur temps et avec eux ou des savants de nos jours qui n'en ont jamais traduit quatre mots suivis, par un Lyonnais partisan de la logique et du sens commun. — Lyon, 1886 ; in-8.

SYMEONI : *L'Origine et la antichità di Lione.* — Lyon, 1846 ; in-12. — Édition publiée par Monfalcon, d'après une copie du manuscrit original conservé à Turin. Cette copie, faite par Gazzera, en 1836, contient de nombreux dessins à la plume. — Grande bibliothèque de la ville de Lyon.

THÉDENAT : *Les trésors de vaisselle d'argent trouvés en Gaule.* — Paris, 1883 ; in-folio.

TÔCHON : *Cachets antiques des médecins oculistes.* — Paris, 1816 ; in-4.

VALENTIN-SMITH : *Divisions territoriales de la Gaule transalpine à l'époque gallo-romaine.* — Paris, 1866 ; in-8. Trois cartes.

— *La loi Gombette. Reproduction intégrale de tous les manuscrits connus,*

recueillis, publiés et annotés, 14 fascicules. — Trévoux. 1888-1890. Le
sixième fascicule reproduit le manuscrit en héliogravure.

VALLENTIN Florian : *Bulletin épigraphique de la Gaule*. — Vienne, 1881 à 1883 ;
in-8. (Voir Vallentin Ludovic.)

VALLENTIN Ludovic ET MOWAT : *Bulletin épigraphique de la Gaule fondé par
Florian Vallentin*. — Vienne, 1883.

WADDINGTON : *L'édit de Dioclétien*. — Paris, 1864 ; in-4.

WALCH : *Sigillum medici ocularii*, etc. — Iéna, 1763 ; in-4.

WALTZING : *L'épigraphie latine et les corporations professionnelles de l'empire
romain*. — Gand, 1892 ; in-8.

WILMANNS : *De praefecto castrorum et praefecto legionis*. — Rome. 1872, dans
l'*Ephemeris epigraphica*.
—   *Exempla inscriptionum latinarum*. — Berlin, 1873 ; in-8.

ZANGEMEISTER : *Zur Geographie des roemischen Galliens und Germaniens nach
den Tironischen Noten*. — Heidelberg, 1892, in-8, dans les *Neue Heidelberger Jahrbucher*.

ZELL : *Claudii Imperatoris oratio*. — Fribourg, 1833. — Cette dissertation se
trouve aussi dans la seconde édition de la monographie de la Table de
Claude, par Monfalcon.

TABLES

NOMS DE PERSONNES

Aemilius Gaius, I, 384.

M. AEMILIUS LAETUS, I, 178, a studiis Augusti.

L. Aemilius Sullectinus. I, 453; III, 24.

Aemilius Venustus, I, 384.

Aemilius Zoticus, III, 160.

Aemilia Aphrodisia, lib., I, 384.

Aemilia Honorata, I, 440.

Aemilia Lupula, III, 160.

Aemilia Secundilla, I, 38.

Aemilia Valeria, III, 160.

Aemilia Venusta, I, 384.

Aemilia Zotica, III, 160.

Aemilia Zotice, III, 160.

Aestivius Ursio, III, 162.

C. Al.... Alba...., IV, 282.

Q. Al.... B......, IV, 234.

G. Al.... M......, IV, 282.

Albanius Pertinax, III, 442.

Albanius Potens, I, 375 ; III. 442.

Alcius Sabinianus, IV, 207.

C. ALFIDIUS, M. f., ..., GALLUS PACCIANUS, I, 139, sénateur.

Q. Ancharius Marianus, III, 163.

M. Ancharius Philadelphus, III, 464.

Ancharia, Q. l., Bassa, III, 43.

Anaeus Iustullus, IV, 288.

Q. Ani...., IV, 234.

L. Anniani(us) ou L. Annius, Ani-(ensi), Speratus, III, 165.

Annios, Annius, IV, 288, 289.

Q. Annausonius ou Ann(ius) Ausonius Priscus, III, 319.

M. Annius Firminus, IV, 488.

C. Annius Flavianus, I, 401 ; III, 442.

Annius Respectus, III, 442.

M. Annius Sat...., IV, 234.

Annia Myrina, III, 440.

Annia Venerea, III, 441.

TIB. ANTISTIUS, Fausti fil., Quirina, MARCIANUS, I, 162, procurateur des trois Gaules.

... Antonius....... III, 447 ; IV, 234.

M. Antonius....... IV, 289.

C. Ant.... B....., IV, 289.

M. Antonius. Sacri lib., Candidus, II, 382, 383.

Antonius Felix (affr. de Claude), V, 62.

M. Antonius Gr....., II, 515.

M. Antonius, Olympicus, lib., II, 383.

Antonius Orfitus, III, 169.

M. Antonius Panchratus (?), III, 169.

M. Antonius, Sacri lib., Polytimus, II, 382, 383.

C. Antonius Quietus, IV, 234.

Q. Ant.... R....., IV, 235, 236.

M. Antonius, Fruendae lib., Sacer, II, 382.

Antonia Amanda, III, 59.

Antonia Antonilla, III, 166.

Antonia Augustina, III, 169.

Antonia Festilla, III, 168.

Antonia Sabinula, III, 166.

Antonia Sacra, lib., II, 383.

Antonia, Sacri lib., Tyche, II, 382.

T. Ap......, IV, 514.

Ap..... Urbi...., III, 44.

Apidius Euphrosinus, lib., I, 197.

Apidius Hermes, lib., I, 197.

Apidius Valerius, I, 197.

Apidius Zoticus, lib., I, 197.

App.... Alb...., IV, 268.

Appia .... I, 255.

Appia .....ne, III, 171.

Apriclius Priscianus, II, 447.

April(ius) Alexsander, III, 162.

Aprius Illiomarus, II, 487.

Apronius Blandus, II, 456.

M. Apronius Eutropus, IV, 202.

C. Apronius, Apronii Blandi fil., Raptor, II, 456.

Apronia Clodilla, IV, 202.

Aquilia Flaccilla, II, 70.

Constantinia Iulia, III, 234.
Constantius Celadianus, I, 315.
Constant(ius) Celadus, I, 315.
M. Cornelius....., III, 454.
Cornelius, V, 62.
Corn]elius ?....., III, 450.
CORNELIUS GALLICANUS, I, 140, 141, légat gouverneur de la Lyonnaise.
Cornelius Polycarpus, III, 413.
M. Cornelius Rufinus, I, 239 ; III, 441.
Cornelius Victor, I, 353 ; III, 441.
Cornelia, L. f.,....., III, 278.
Cornelia Paulina, III, 441.
Cornelia Pia, III, 238.
Corn.... Surti...., III, 237.
Corniff[icia ?]......, III, 25.
Cos...... Via...., IV, 329.
Cosius Rufinus, IV, 328.
Cosius Urbanus, IV, 328.
L. Cosius Virilis, IV, 329.
Sex. Cosutius, Sex. fil., Quirina, Primus, I, 436.
G. Cottius Theodotus, III, 284.
Crassia Demincilla, II, 398.
Crisp....., III, 423.
Crixsius Antonius, III, 454.
M. Crixsius Antonius, III, 239.
Crixsia Secundina, III, 454.
Crotius ?......., III, 442.
... Curtilius...., III, 381.
P. Curtilius Anthiocus, lib., III, 241.
M. Curvelius, M. f., Aniensi, Robustus, I, 447.
Cuspius, IV, 460.
Cyrillia Marcellina, I, 279.

M. D..... M....., IV, 506.
M. D..... Ore...., IV, 265.
L. D..... Poli...., IV, 495.
Cn. Danius Co..... Minuso, III, 444.
Cn. Danius Minuso, III, 86, 171, 242.

M. Danius Minuso, II, 420.
Cn. Danius Sollemnis, lib., III, 242.
C. Deccius Erectheus, III, 246.
Deccia Clementilla, III, 244, 246.
Deccia Primula, lib., III, 244.
Decim.... Marcianus, III, 40.
Decim.... Marcus, III, 410.
Decimia Nicopolis, III, 461.
A. Decius Alpinus, IV, 221.
Decmius Decmanus, III, 139.
Decmia Decmilla, III, 139.
C. Dessius, IV, 460.
L. Dextrius Apollinaris, III, 24.
L. DIDIUS MARINUS, v. e., I. 193. procurator familliae gladiatoriae per Gallias.
A. Didius Martinus, III, 97.
C. Didius Secundus, IV, 505.
T. Domitius......., II, 515.
Domitius Heutychianus, III, 454.
Domitius Ma(n)suetus, III, 249.
Domitius Ylas, III, 249.
Domitia Corbilla, III, 101.
Domitia Heutychia, III, 454.
Domitia Myrine, III, 454.
Domitia Nice, III, 250.
C. Donatius Quartus, lib., II, 385.
C. Donat(ius) Quintus, II, 385.
Draccius, IV, 499.
L. DUDISTIUS NOVANUS, I, 193, censiteur adjoint de la Lyonnaise.
Dulcicius Claudianus, III, 449.
... Dunnius Palladius, III, 455.
Dunnius Restitutus, III, 455.

M. E...... E......, IV, 240.
M. E...... Eupl..., IV, 246.
C. E...... F......, IV, 240.
M. E...... P......., IV, 246.
M'. Eg...... ....., IV, 239.
C. Egnatius Bassus, III, 443.
... [Eg]natius Felicissimus, II, 426.

M.   Fraternius Saturninus, III. 458.
     Fuficius. IV, 457.
L.   Fufius Equester, I. 433.
Ti.   Ful.... C......, IV. 506.
I..   FULVIUS GAVIUS NUMISIUS PE-
     TRON(IUS) AEMILIANUS, v.
     c., I. 118. 123, 125, curateur et
     patron de la colonie de Lyon.
C.   FULVIUS P LAUTIANUS, c. v., I.
     112, préfet du prétoire et séna-
     teur.
C..   FURIUS SABINIUS AQUILA TIMESITHEUS.
     I, 167, procurateur de la Lyon-
     naise et de l'Aquitaine, ensuite
     préfet du prétoire.

G.   G...... P...... IV, 242.
..   Galerius. C. l., Felix, III. 50.
L.   Gavius Firm...., III, 263.
L.   Gavius Fronto, II, 380.
L.   Gavius Gra..... III, 263.
L.   Gellius, IV, 414.
T.   Gellius, IV, 403.
     Gellius Ju...., I, 270.
L.   Gellius Quadratus. IV, 340.
G.   Geminius Artillus. I, 204, 325.
Q.   Geminius Priscianus, III. 261.
     Geminia Aphrodisia, III. 261.
     Geminia, Q. filia, Quintiana, III,
     261.
     Gen.... Verinus, III, 466.
C.   Gentius Olillus, II, 47.
[..   G]enuinius Januarius, III, 280.
     Gesatia Clari..... III, 186.
     Graecius Proclianus. III, 264.
Q.   Grattius Proclio. IV, 198.
     Grattia, IV, 198.
L.   Gri.... R...., IV, 351.

Q.   HAEDIUS RUFUS LOLLIANUS
     GENTIANUS, I, 141, censiteur
     de la Lyonnaise.

L.   Helvius Frugi. III, 465.
L.   Helvius, L. fil., Voltin, Frugi. II.
     480.
Q.   Helvius Roga....., II. 515.
     Helvia Gaetica, III, 319.
M.   Herennius, M. l., Albanus. III, 11.
L..   Hilarianius Cinnamus, II, 338.
     463 ; III, 445.
     Hirpidius Polytimus, IV. 513.
     Ho]ratius? Ho]nestus?, I, 239.
Q.   Horatius Hyla, IV. 403.
L.   Hoscrius M...., T....., V....., X....,
     IV, 463, 464.
A.   Hostilius Nestor, IV, 217.

Q.   I....., IV, 244, 245.
Sex.   I....., II, 515.
G.   I..... Alb...., IV, 244.
C.   I.... A...., IV, 260.
M.   I..... H...... IV, 407.
M.   I..... M...... IV, 244.
P.   I..... Pac...., IV, 248.
     Ianuarinia Verina. I, 204.
Q.   Ignius......, II, 515.
L.   Ignius Charito. III. 449.
Q.   Ignius Silvinus, lib., II, 387.
     Ignia Helpis, lib., II, 387.
     Illiomarius Aper, II, 487.
P.   In.... Secun, IV, 260.
C.   Iu.... R....., IV, 244.
     Iu....., V, 12.
Q.   Iul...... III, 423.
     Iulius, IV, 354, 440.
C.   Iulius, C. f. ....., IV. 204.
T.   Iulius, II. 80, 515.
L.   Iulius, L. f., Gal(eria). I, 294, 357.
C.   Iulius Alb...... IV, 355.
C.   Iulius Alexio sive Vitulus Alexander,
     lib., III, 459.
     Iulius Amator. III, 465.
     Iulius Alexsa(n)der, III, 54.
     Iulius Alexsius. III, 54.

Iuventia Felicissima. III, 298.
Iuventinia Auspicia. III, 296.

P. L..... S...... IV, 245.
Q. I...... S...... IV, 245.
P. Labenius Trophimus. IV, 199.
Labenia Nemesia, lib., IV, 199.
Labienus Victor. III, 301.
Labiena Severa. III, 301.
Q. Latinius Carus. III, 401.
Q. Latinius Pyramis, lib., III, 461.
C. Latinius Reginus. II, 495.
L. Lentulius Censorinus. II, 96.
T. Lib...... Justus. I, 220.
Libertius Decimianus. III, 363.
G. Libertius Decimanus. II, 495.
Libertia Primula. III, 363.
Q. Licinius........ II, 91.
Licinius Sabinus. II, 91.
L. Licinius, L. f., Gal., Sanga. I, 280.
Licinius Tauricus. II, 91, 93, 94.
Q. Licinius Ultor. II, 93, 94.
L. Ligurius, Sex. fil., Galeria, Marinus.
    II, 362.
L. Litugius, Sex. f., Laena, IV, 501.
Livia Ianthis. III, 222.
L. Lucretius Campanus. III, 392.
Lucretia Valeria. III, 303.
M. Lucterius Leo. II, 102.
Lucterius Senecianus. II, 102.
Lullia Macrina. III, 300.

L. M..... A...... IV, 247.
Sex. M..... Cal...., IV, 362.
C. M..... E...... IV, 247.
C. M..... R...... IV, 247. 302, 406.
P. M..... Rufus. IV, 247.
C. M..... S....., IV, 247.
L. M..... Ve...... IV, 247.
Magilius Honoratus. II, 71.
C. Maglius, C. f., Quir., Albinus. I,
    444.

Ma.glius ? Demetrius. III, 247.
P. Maglius Priscianus. II, 62.
Magnia Florentina. I, 382.
Magusatia. III, 470.
T. Malius Fortunatus. IV, 306.
Manilius Quintinus. I, 440.
P. Manl... Su'la ?. IV, 246.
P. Manlius Vitalis. II, 352.
C. Mansuetius Brasus. III, 120.
Mansuetius Lucianus. III, 307.
G. Mansuetius Tertius. I, 220.
Mansuetia Poppa. I, 220.
Mansuetia Scylla. III, 307.
M. Marcellinius Lectus. I, 449 ; III,
    443.
... Marcius...... II, 513.
L. Marcius, M. f........ I, 410.
Marcius Aen...., I, 410.
Q. Marcius Donatianus. I, 157.
Martius Gemin.... II, 513.
L. Martius Secun...... I, 410.
Marc]ius Urb..... II, 513.
Marcia..... III, 462.
Marius. IV. 505.
Marius Cefalio. III, 312.
M. Marius Florentinus. II, 127.
.. Marius Ka..... III, 446.
C. Marius Lucinianus. III, 128.
C. Marius Ma....., II, 469.
T. MARIUS MARTIALIS, I, 401. tribun
    légionnaire.
L. MARIUS, L. f., Quir., PERPETUUS, I,
    157. procurateur de la Lyon-
    naise et de l'Aquitaine.
Marius Sil.... V. 80.
T. Marius Tiro. IV, 193.
Maria Dafne, lib., III, 312.
Maria Macrina, III, 105,
Maria Sapricia. III, 314.
Marinius Demetrius. III, 107.
Marinia Demetrias. III, 107.
C. Mars..... Lu...... IV. 240.

Q. Salon....., III, 31.
T. Salonius. III. 31.
   Salvius. III, 467.
   Salvius Aster. III, 468.
   Salvius Doviocus, III, 456.
   Salvius Felix. III, 468.
   Salvius Glaucus. III, 456.
   Salvius Memor. I. 284 ; III. 441.
C. Salvius Mercurius. II, 396.
L. Salvius Paullinus. IV, 267.
   Salvius Victor, III, 468.
   Salvia Valeriana. III. 468.
   Salvia Victorina. III. 468.
Q. Sammius Secundus. I, 17.
   S]ammia Su......, III, 355.
   Sappiena Lychnis, III, 24.
   Satia Heliane. III. 247.
P. Satrius Eros, III, 356.
   Satria Firmina, II. 357.
   Satria Hermione. III, 357.
   Satria Lucilla, III, 440.
   Satria Ursa. I, 398.
   Satria Venusta, II, 357.
   Sattia Sabina, III, 443.
M. Sattonius Alexander, III, 359.
Lucius (Sattonius) Victor, III, 359.
L. (Sattonius) Victorinus. III, 359.
   Sattonia Ursa, III, 462.
   Sax.... Fel..... IV. 251.
   Sax.... Herp...., IV, 251.
C. Sc.... Dous...., IV, 268.
   Scal.... Gab....., V, 81.
   Scalens... Ag...., IV, 252.
   Scalesia Fo......, IV, 253.
   Scalesia Gal...., V, 81.
   Scalesia Lib....., V, 81.
   Scalesia Phi...., IV, 253,
   Scimniani. V, 80.
   Secundinius (Aurelius) Donatus, I,
      416 ; III, 26.
   Secundinia Iusta, I, 392, 410.
   Secundinia Placida. II, 478.

M. Secundius Acceptus, III, 362.
   Secundius Antiochus, lib., III, 123.
   Secun.... Constans, I. 515.
L. Secundius Fruendus. lib.. III, 360.
   Secundius Januarius. lib.. III, 123.
L. Secundius Octavus. III. 123.
L. Secund... Reso. III. 360.
M. Secundius Saturninus, lib., III,
      362.
T. Secundius Titianus, III, 453.
   Sedatius Agathonicus. III, 218.
   Sedatia Primitiva. III, 363.
C. Segellius Marinus. IV. 400.
C. Segs....., IV, 244.
   Seia Ae....., III. 463.
   Seia Myrine, III, 365.
   Seia Sabina. III, 365.
Sex. Selius. Sex. fil.. Gal., Homullinus.
      III, 366.
   Selia Sexta, IV, 207.
C. Semp.... Polic...., IV, 253 ; V, 81.
L. Sempr......, IV, 414.
M. Sennius Metilius. II, 509.
   Sennius Sollemnis, Sollemnini fi-
      lius. V. 28. 31, 33.
T. Sennia Iulla. II, 509.
   Sentius. IV. 416.
C. Sentius, IV. 417.
   Septicia Gemina, III. 368.
   Septicia Valeriana, I, 38.
   Σεπτιμιος Αἰτετος, III, 469 ; V. 68.
L. Sept.... Mucianus, I, 392.
L. Sept.... [Ale]xander, I, 419.
   Septimius Iulianus, III. 76.
   Sept..... Marcellianus. I, 249.
L. Septimius. L. f., Papir., Marcelli-
      nus, I, 249.
   Sept. Marcellus. I, 249.
L. Septimius Peregrinus. I. 302.
L. Septimius Peregrinus Adelfus. I,
      419 ; V. 17.
   Septimius Sextianus. I. 323.

...ius Reginus, III, 352.
...ius Silv....., II, 98.
...tius, C. f., LA....., V, 8.
....minius Marcus, II, 516.
. ..nius, Latini fil., Pomptina.
    Campanus, V, 23.
...nius Tr....., III, 46.
...nius Vita. III, 410.
...occt.. K....., IV, 514.
...onius Pute....., III, 138.
...onius Secundus, II, 510.
...orgius Messianus, II, 516.

...picia. IV, 254.
...ranius V ...., II, 450.
...ria Lucretia, III, 302.
...ria Valentina, III, 458.
...sius....., III, 140.
Q. ....tesius, IV, 223.
....tia Grania. III. 266.
....ulia. III, 424.
.. .us Lupus, II. 516.
...us Sabinus, II, 516.
....u..tius Theseus. III. 266.

SURNOMS

A... ..., IV, 247, 255, 259. 279.
Aba..., IV. 270.
Abascantus, II, 132.
Abba, III. 296.
Abbula. I, 373.
Abitus, IV, 270.
Abus, IV, 270. 280.
Ac..., IV, 230.
Accepta, I, 371 ; Accepta, III. 105.
Acceptus, III, 362.
Acco, IV, 280.
Achillaeus, IV, 274.
Aci....., IV, 266.
Acu....., IV, 280.
Acutus, IV, 280 ; lib., I, 200.
Adelfus. I, 410.
Adepta, III. 47, 48.
Adgatus, IV, 280.
Adinus, IV, 281.
Adnatus. I, 167.
Ae...... III, 463 ; IV, 237.
Aegit..., IV, 281.
Aelianus, III, 256 ; IV, 281.

Aemilianus, I, 118, 123, 125, 193 ; II, 330.
Aen....., I, 410.
Aequalis, II, 402.
Aeschinus, III, 470.
Aeternus, I, 390.
'Αιτετος, III, 469 ; V, 68.
Aevalis, I, 367 ; II, 402.
Affra, lib., III, 326.
Africanus, IV, 233, 281.
Afrodite, V, 65.
Agapetus, III, 157.
Agapus, IV, 281.
Agastus, IV, 281.
Agathemeris, III, 325. 468.
Agatho, IV, 210. 512.
Agathonicus, III, 218.
Agathopus, lib. Aug., III, 298.
Agathus, IV, 458.
Agathyrsus, III, 218.
Agedemopatis, V, 35.
Agenor, V, 82.
Agil..., Agilis, IV, 281, 282.

Βεναχι. I, 407.
Benigna. II, 386.
Benivolus. II, 516.
Βερθωτις, V, 75.
Bigatus, IV, 307.
Bilica..., Bilicat..., Bilicatus. IV, 307, 308.
Billi.... Billic.. , Billicus. IV, 308.
Bio, IV, 308, 309.
Bisen.... IV, 309,
Bissun..... IV, 309.
Bitur..., Biturix, IV, 309.
Bitus, I, 414.
Blandus, II, 456; IV, 309, 513.
Bonoxus. IV, 310.
Borillus. IV, 310.
Brasus, III, 120.
Bri.... IV, 310.
Brit .... IV, 311, 483.
Bucius ?. IV, 311.
Burdo. IV, 311.

C... .... IV, 241, 248, 506.
Cabinus, IV, 450.
Cabitatus, IV, 311, 312.
Cabuca, IV, 312.
Cadgatus, IV, 312.
Cadurcus, IV, 312.
Caecilianus, I, 180.
Cal....., IV, 362.
Calav...., IV, 312.
Callimorphus, III, 8.
Callistate, II, 372.
Καλλιστη, III, 450.
Callistio, III, 383.
Callistus, lib., II, 390.
Calocaerus, Aug. lib., I, 231.
Calvinus, IV, 313.
Calvus, IV, 313, 314, 315.
Cambus, IV, 315.
Camillus, III, 459.
Campana, III, 378.

Campanus (non Catapanus), II, 82 et V, 23; II, 392; III, 469; IV, 316, 317.
Canavos, IV, 317.
Candida, I, 422.
Candidiola, III, 417.
Candidus, I 192; lib. II, 382, 383.
Caniniana (officina ?). IV, 219.
Kaninianum (....?). IV, 220; V, 70.
Cantii, IV, 317.
Capito, IV, 317; Capitu, 318.
Cara......, IV, 318.
Carantianus. III, 207.
Carantina, I, 367.
Caran...., Carantinus. IV, 318
Karicus, III, 459.
Caril..... IV, 319.
Karinus, III, 220; Carinus. IV, 319.
Καρνεος. V, 86.
Carpus, I, 17 ; IV, 189, 319
Carus, Karus, III, 220, 440, 461; IV, 319.
Carussa, IV, 320.
Casata, I, 325; III, 441.
Cassia, III, 210.
Cassiana, III, 443.
Cassianus, I, 192, 329; [C.]assianus, II, 515; lib., 440.
Cassinetus, IV, 320.
Cassiolus, IV, 269.
Castor, III, 296.
Castrensis, I, 27, 33, 54.
Castus, IV, 320, 321.
Casurus, IV, 321.
Catiola, I, 204.
Catita ?, III, 471.
Catulla, III, 458.
Catullinus, II, 75; IV, 265, 321.
Cattes, IV, 324.
Catulus, II, 483.
Catullus, III, 460.
Catus, IV, 321.

Flavianus, I, 186, 310, 401; II, 338;
    III, 442.
Flavus, IV, 341.
Flo...., IV, 341.
Φλωρα, V, 79.
Florens, II, 80, 127, 482, 484.
Florentina, I, 382; III, 380, 442.
Florentinus, II, 127; III, 380, 461.
Florus, I, 217, 281, 298; II, 431; IV,
    341; V, 28.
Flos, IV, 341, 342.
Font...., IV, 342.
Formosus, IV, 342.
Fortis, IV, 461, 462.
Fortu...., III, 258.
Fortunata, I, 323; III, 257; III, 393,
Fortunatus, I, 259, 294; II, 516; III,
    216, 343, 393, 463; IV, 200, 366,
    492, 497; Aug. lib., I, 233.
Frigia, lib., I, 267.
Front...., IV, 343.
Fronti...., IV, 343.
Frontinus?, I, 109; IV, 343, 344.
Fronto, II, 386; IV, 344, 345, 463.
Fruenda, II, 382.
Fruendus, lib., III, 360.
Frugi, II, 481; III, 465.
Fuscina, III, 374.
Fuscus, IV, 241, 345.

Gab...., V, 81.
Gaetica, III, 319.
Gai...., IV, 485.
Gaius, I, 384; IV, 345.
Gal...., IV, 242.
Galannus, IV, 345.
Galatia, III, 109.
Galenus, I, 308; II, 341; IV, 236,
    345.
Galerianorum gens, III, 62.
Gallica...., Gallicanus, IV, 345, 346.
Gallicus, IV, 242.

Gallus, IV, 346; V, 80; Gallus Paccia-
    nus, I, 139.
Gall..., Gallonius, Galonius, III, 54.
Gamice, IV, 216.
Gamus, IV, 346.
Gan...., III, 50.
Gaudentius, I, 209.
Gedemo, II, 102.
Gemell...., III, 271.
Gemellinus, II, 431; III, 444.
Gemellus, I, 209.
Gemina, III, 368.
Geminia, III, 351.
Geminus, II, 513; IV, 347.
Genes...., III, 247.
Genia...., IV, 347.
Genialis, II, 129; IV, 347.
Genitor, IV, 347.
Genius, IV, 347, 348.
Ge...., IV, 340.
Ger...., IV, 340.
Germ..., Germanus, IV, 348, 349.
Germanilla, III, 153.
Germaninus, III, 153.
Germanus, III, 73.
Gerus?, IV, 340.
Gessius, I, 321.
Giamilus, IV, 340.
Gippus, IV, 349.
Glaucus, III, 456.
Glycerus, lib., III, 289.
Gnatus, IV, 349.
Gordus, I, 437.
Gr...., II, 515; III, 322.
Gra...., IV, 349.
Grac..., Gracc..., Graccus, Gracchus,
    Grachus, IV, 350.
Gracilis, I, 192.
Gracuna, IV, 350.
Graeca, III, 272.
Graecina, III, 370.
Graecinus, III, 370.

REMARQUES SUR LES NOMS

Le nom le plus fréquent, et de beaucoup, est celui de *Iulius;* c'est un reflet des rôles importants remplis dans la Gaule par les deux premiers Jules : César le conquérant du pays et Auguste son organisateur. Viennent ensuite, à peu près de pair entre eux, ceux de *Valerius* et de *Claudius,* le premier remontant vraisemblablement au propréteur C. Valerius Flaccus, gouverneur de la province Narbonnaise en 83 avant notre ère, et qui apparait dans les listes triomphales de l'an 81 comme vainqueur des Gaulois et des Celtibères, ou bien encore à la colonisation de Lyon composée de Viennois qui étaient en grande partie des *Valerii,* le second obtenu soit de Claudius Drusus pacificateur et administrateur des Gaules sous Auguste, soit de l'empereur Claude né à Lyon, soit de Néron particulièrement bienveillant pour les Lyonnais. Puis se montrent après cela en progression décroissante les noms d'*Aurelius,* de *Flavius,* d'*Aelius,* d'*Aemilius,* de *Pompeius,* d'*Antonius,* de *Septimius,* auxquels peuvent encore être ajoutés ceux de *Cornelius* et de *Marius.* A l'égard des autres, qui constituent ensemble la très grande majorité, une remarque à faire c'est que beaucoup d'entre eux sont des surnoms transformés en noms patronymiques ; évidemment *Acceptius, Acutius, Albanius, Atticius, Bellius, Blandius, Constantinius, Donatius, Felicius, Mansuetius, Primius, Secundius Verecundinius,* etc , etc., pour ne citer que quelques exemples pris au hasard, sont des cognomens transformés en gentilices.

Prénoms insolites.

Appius ?, III, 445 ; M', c'est-à-dire Manius, IV, 239, 251 ; Olus, 494; Pupus, III, 54 ; Quartus, 471 ; Septumus, II, 370 ; Threptius, I, 217 ; Ī̄II, c'est-à-dire Tertius ?, IV, 239.

Prénom à une femme.

G(aia), III, 393, probablement par erreur.

Prénoms écrits en toutes lettres.

Appius ?, III, 85; Lucius, 359; Olus, IV, 494 ; Quartus, III, 471; Quintus, 105 ; Sextus, 972 ; Tiberius, 277, 446 ; Titus, I, 442 ; II, 390 ; III, 372.

Gentilices écrits abréviativement.

Aur(elius), Aurel(ius), Cl(audius), Fl(avius), Flav(ius), I(ulius), Iul(ius), Pomp(eius), Val(erius), Valer(ius), passim.

Ann(ius), III, 319 ; April(ius), 162 ; Attic(ius), 178 ; Betton(ius), 126 ; Camill(ia), 204 ; Capiton(ius), 205 ; Constant(ius), I, 315 ; Decim(ius), III, 410 ; Donat(ius), II, 385 ; Lib(...), I, 220 ; Modestin(ius), 270 ; Petron(ius), 118 ; III, 331 ; Prim(ius), 378 ; Pusinnon(ius), 316 ; Sabin(ius), I, 264 ; Secund(ius), 315 ; III, 360 ; Sept(imius), I, 249 ; Septim(ius), 392, 419 ; Sever(ius), III, 198 ; Sextil(ius),

I, **440** ; Ter(entius), III, 341 ; Tin-
c(ius), 111 ; Verecundin(ius), I,
398 ; Vitalin(ius), **274**.

Gentilices doubles.

Aurelius Secundinius Donatus, I,
416 ; Fl(avius) Marius Ka...., III,
446 ; Iulius Superinius Victor, I,
206 ; Iulia Vindicia Luperca, I,
206 ; T. Messius Cornelius Fortunatus, III, 463 ; Messius Cornelius
Taurus, 463.

*Gentilice des enfants ou des affranchis
différent de celui du père ou du patron.*

Aprius Illiomarus, fils d'Illiomarius
Aper, II, 487 ;
C. Catullius Deciminus, fils de Tu-
tius Catullinus, II, 75 ;
Constantius Celadus et Constantius
Celadianus, fils de Secundius
Constans, I, 315 ;
C. Marius Lucinianus, fils de T.
Veratius Taurus, III, 128 ;
Paternia Paterniana et Paternia Vic-
torina, filles d'Exomnius Pater-
nianus, I, 407 ;
M. Primitivius Mercator et Primitivia
Mercatilla, fils et fille de Maternius
Primitivus, III, 345 ;
Priscius Eustochus, co-affranchi de
L. Sabinius Cassianus, II, 440 ;
Quartia Secundilla, affranchie de
Quartus Ulpius Primitivus, III,
471 ;
Speratius Paternus, affranchi de L.
Annius Speratus, III, 165 ;
Verinia Ingenua, affranchie de C.
Verecundinius Verinus, I, 369 ;
Vithannia Nice, affranchie de T.
Flavius Vithannus, I, 396.

Dans la plupart de ces exemples le gentilice du fils ou de l'affranchi dérive
manifestement du surnom du père ou du patron. Au sujet d'un cas analogue
présenté par l'épitaphe d'un C. Lucius *Victor* de la cité des Vangions, dont les
fils s'appelaient l'un *Victorius* Florentinus, l'autre *Victorius* Victorinus, M. Mommsen (dans la *Korrespondenzblatt der Westdeutschen Zeitschrift*, 1892, p. 80 et
suivantes), fait la remarque qu'en dehors de la Belgique et des deux Germanies,
il n'a nulle part rencontré ce procédé de formation des noms, « qui heurte aussi
rudement que possible les règles de la nomenclature romaine. Quand même,
observe-t-il, il n'y a rien là qu'une défectueuse application du système romain,
cette manière n'en est pas moins digne de remarque en ce qu'elle témoigne en
quelle haute mesure les provinces de l'Empire romain avaient, à cet égard,
conservé leur indépendance et développaient librement chez elles des usages qui
leur étaient particuliers et restaient renfermés dans les limites du pays ».

Un des exemples fournis par les inscriptions de Lyon est, en effet, tiré de l'épitaphe
d'un Trevère (III, 128) dans la Belgique ; un autre de celle d'un Véliocasse (II, 487)
dans la Lyonnaise, mais à son extrémité nord joignant à la Belgique, un autre
encore de celle d'un Tricassin (II, 75) dans la Lyonnaise pareillement, mais
confinant à la Belgique par son coté est ; plusieurs autres d'épitaphes de vétérans
des légions cantonnées sur le Rhin : la VIIIᵉ *Augusta* (I, 315) et la XXIIᵉ *Primi-*

genia (I, 369), toutes deux de la Germanie Supérieure, la XXXe *Ulpia Victrix* (I, 396) de la Germanie Inférieure, et une légion non désignée (I, 407) Les autres exemples ne contiennent pas d'indication géographique.

Gentilice placé après le surnom.

L. Annianus Speratius, III, 105 ; Maternus Primitivius, 345 ; Placidus Pervincius, I, 373 ; Quintula Sertoria, III, 70.

Gentilices employés comme surnoms.

Antonius, III, 239, 454 ; Gessius, I, 321 ; Grania, III, 266 ; Iulius, 209, 380 ; IV, 509 ; Livia, II, 440 ; Marius, III, 88, 121 ; Munatia, 440 ; Octavius, 191 ; Pompeia, I, 231 ; Titia, III, 193 ; Valeria, 100, 303, 380 ; Valerius, I, 197 ; III, 88, 289, 447.

Surnoms abrégés

Licin...., III, 370 ; Marcel ... III, 372.

Surnoms doubles.

Agathyrsus Eusebius, III, 218.
Amabilis sive Cyrille, I, 321.
Antiochus Libanius, II, 345.
Alexsio Vitulus sive Alexander, III, 459.
Attiola Minor, III, 62.
Felicissima Scholastica Ἰλαρα, III, 89.
Festa Monna, I, 259.
Gemellus Gaudentius, I, 209.
Martina Dulcitium, I, 209 ; V, 10.
Maturinus ......rons, III, 440.
Maximus Polychronius, III, 157.
Mercatilla sive Mastiche, III, 345.
Peregrinus Adelfus, I, 419.
Primus Viperius, I, 217.
Probatus Senior, II, 400.

Romanus Libellicus, III, 440.
Rufinus Rottio, III, 225.
Sacer Gregorius, II, 345.
Silvanus Melanio, I, 170.
Vitalis Pusinnus, III, 395.
....urix sive Quiguro, III, 445.
Θαῖμος ὁ καὶ Ἰουλιανος Σκαδου, III, 67 ; il s'appelle dans le texte latin Thaemius? Iulianus, Sati filius.
Ficosus, II, 379, sobriquet injurieux.

Parmi ces surnoms doubles, tous pris sur des inscriptions qui ne descendent pas au-dessous de la moitié du troisième siècle, quelques-uns peuvent avoir eu une signification chrétienne, tels que, par exemple :

Adelfus, I, 419 ; Agapetus, III, 157 ; Eusebius, III, 218 ; Gaudentius, I, 209; Gregorius, II, 345 ; Irene, III, 100 ; Ireneus, III, 450 ; Libanius, II, 340, 345 ; Sabbatia, III, 186.

Noms présumés celtiques.

Abbula, I, 373.
Adgatus, IV, 280 ; voy. ci-dessous Cadgatus.
Adginnius, II, 110 ; III, 22.
Amuta, IV, 287.
Andegenus, IV, 288.
Aquitanus, IV, 292.
Atepomarus, II, 148 ; IV, 297 ; V, 83 ; Ate-pomarius, III, 449.
Belatullius, III, 389.
Bilicatus?, IV, 307, 308.
Biturix, IV, 309.
Brasus, III, 120.
Cadgatus, IV, 312.
Cadurcus, IV, 312.

Carussa, IV, 320.

Catussa, II, 505 ; IV, 322.

Centusmia, III, 296.

Ciamilus, IV, 325 ; voy. ci-dessous Giamilus.

Cintusminius, IV, 513.

Clhevvia, I, 363.

Cobnertus, IV, 326, 439.

Cobrunus, III, 198.

Cottius, III, 284.

Criciro, IV, 331.

Crucuro, IV, 332.

[Da ?]gomarus, IV, 332.

Danius, II, 429 ; III, 171, 242.

Diviciacus, III, 193.

Divixtus, III, 139 ; IV, 333, 334.

Docnib..., IV, 334.

Doviocus ?, III, 456, 468.

Dous... ., IV, 268.

Driburo, II, 492 ; III, 445.

Drutalus, IV, 335.

Dunnius, III, 455.

Eθθus, IV, 335.

Excingus, IV, 187.

Gallicanus, IV, 345, 346.

Giamilus, IV, 349.

Gracuna ?, IV, 350.

Ibliomarus, III, 209.

Illiomarus, II, 487 ; IV, 352 ; Illiomarius, II, 487.

Indercillus, IV, 352.

Lucterius, II, 102.

Mahetus, IV, 365.

[Ma ?]iuθθilus, IV, 365.

Manertus, IV, 367.

Matucenus, IV, 372.

Matucia ?, III, 462.

Meθθillus, IV, 373.

Momorus, II, 148.

Motucus, III, 372.

Muccasenia, I, 323.

Muxtullus, IV, 381.

Nertus, IV, 382.

Pama, II, 62.

Pistillus, IV, 485.

Pritto, III, 341.

Quiguro, II, 492 ; III, 445.

Ritogenus, IV, 402.

Sacruna, II, 478.

Sennius ?, II, 509.

Seno, IV, 415, 416.

Senonius, IV, 416.

Sevvo, IV, 272, 273.

Solimutus, IV, 208.

Suobnillus, IV, 421.

Tincius ?, III, 111.

Toutia, III, 396 ;

Toutius, II, 415 ; Tutius, II, 75.

Toutona, III, 105.

Toutonius, III, 470.

Ulattius, II, 60, 64, 79, 429 ; III, 443.

Ulfus, I, 379.

Uxopillus, IV, 426.

Abba, III, 296, peut-être syrien.

Acco, IV, 280, ibérien.

Belliosa, III, 54, latin à terminaison africaine.

Θαῖμος, III, 67, syrien.

Σααδος, III, 67, syrien.

Siora, I, 38, africain.

Uxassonius, III, 421, dalmate.

Noms d'animaux.

Educat..., III, 383, chien ou chienne.

Merula, III, 383, chienne.

DIEUX, DÉESSES, PERSONNAGES MYTHOLOGIQUES

CHOSES CONCERNANT LA RELIGION

drophores Luguduni consistentes, 27 ; par le pontife perpétuel, 54 ; ex voto par deux femmes, 33, 38 ; par une femme, 47.

Pour la conservation des empereurs Antonin le Pieux et de ses enfants en décembre de l'an 160, I, 17 ; — de Commode et de la maison divine en 190 le 16 juin, 27 ; du 20 au 23 avril, 54 ; — de Septime Sévère avec Albin et la maison divine en 194 du 9 au 11 mai, 33 ; — avec Caracalla et Julie en 197 du 4 au 7 mai, 38 ; — avec Caracalla et Geta, 42 ; et pour la prospérité de la colonie Copia Claudia Augusta de Lyon, 17, 27, 33, 38.

Inchoatum..... consummatum....., I, 33, 38, 53.

Archigallus : ex vaticinatione ejus, I, 17, 54.

Sacerdos, I, 27 ; vires a Vaticano transtulit, ara(m) et bucranium suo inpendio consacravit, 17 ; ab XV viris occabo et corona exornatus, 17 ; cui ordo sanctissimus perpetuitatem sacerdotii decrevit, 17 ; — sacerdos praeiens, 33, 38, 54.

Sacerdotia : sacerdos et sacerdotia, I, 38.

Tibicen, I, 27, 33, 38, 54.

Apparator, I, 38.

Ara : ara(m) et bucranium suo inpendio consacravit, I, 17 ; honori omnium perpetuus quinquennalis (dendrophororum) inpendium remisit, 27 ; l'emplacement donné par décret des décurions, 17, 27, 33, 38, 47.

Ornements de l'ara.

Tête de taureau parée d'infulae à perles, sculptée au milieu de la face antérieure et coupant l'inscription, I, 17, 54 ; — sur la face latérale droite en regard d'une tête de bélier sur la face opposée, 27 ; — sur chacune des deux faces latérales en compagnie d'une tête de bélier : celle-ci au-dessous sur la face gauche, au-dessus sur la face droite, 33 ; sur chacune des deux faces latérales en compagnie et au-dessus d'une tête de bélier, 38.

Tête de bélier avec infulae à perles sur la face latérale gauche, I, 17 ; — en compagnie d'une tête de taureau sur chacune des faces latérales ; au-dessous, à gauche ; au-dessus, à droite, 33 ; — au-dessous, de chaque côté, 38.

Couteau à crochet appelé *harpe* ; placé verticalement sur la face latérale droite, I, 17, 54 ; — verticalement à côté de la tête de bélier sur la face latérale gauche, 27 ; — horizontalement ou diagonalement en haut de chacune des faces latérales, 33, 38.

Bucranium, suo inpendio consacravit, I, 17.

Mesonyctium factum V idus decembris (en 160), I, 17.

Occabus et corona, I, 17.

Vaticanus, I, 17.

Vires a Vaticano translatae, I, 17.

Votum : ex voto, I, 33, 38 ; uti voverat, III, 18 ; votum solvit, I, 176 ; III, 22 ; votum solvit libens merito, III, 21, 24, 25, 26 ; votum solvit libens merito, l(aetus) d(ono) d(at) d(edicat), III, 16 ; V, 61.

PRÊTRISES, CONFRÉRIES

Apparator, voy. ci-dessus Taurobolium.

Archigallus, voy. ci-dessus Taurobolium.

Cultor numinis, V, 88.

Dianenses (confrérie non lyonnaise), IV, 503.

Flamen, flaminica, voy. ci-après Constitution municipale.

Haruspex primus de LX (peut-être de Rome), II, 2.

Pontifex : maximus, voy. ci-après Empereurs ; pontifex, I, 157 ; pontifex pro magistro, 118.

Pontifex municipal, voy. ci-après Constitution municipale.

Praefectus feriarum Latinarum, I, 118.

Quindecimviri, I, 17.

Sacerdos : sacerdos ad aram, ad templum Romae et Aug...., voy. ci-après Tres Galliae ; — sacerdos, voy. ci-dessus Taurobolium ; — sacerdotia (femme), voy. ci-dessus : Taurobolium ; — sacerdotii perpetuitas, I, 17

Sacerdotiorum primus gradus, I, 80.

Sallius collinus, I, 118.

Septemvir epulonum, I, 139.

Seviri augustales, voy. ci-après Constitution municipale.

Sodales : sodales Flaviales, I, 118 ; sodales Hadrianales, 139.

NOMS GÉOGRAPHIQUES

Aeduus, II, 67, 82 ; Aedua, III, 70, 105 ; V, 23.

Afer (civis Carthaginesis), III, 54.

Agrippinensis (ara Claudia), I, 448 ; III, 443 ; Agrippinensis, I, 206, 270 ; III, 91.

Albenses : civitas Albensium, II, 452.

Alexandria, I, 135.

Alpes Maritimae, I, 187.

Andicavus, III, 93.

Aquitania provincia, I, 135, 139, 157, 167, 185, 186, 191, 192, 193, 222, 227, 237, 238, 240 ; II, 367 ; III, 67 ; V, 8 ; Aquitanicae (provinciae) XI populi, I, 135.

Ara Claudia Agrippina, I, 448 ; III, 443.

Arabia provincia, I, 167.

Arar, II, 366, 424, 452, 469 ; III, 22 ; Ararque dubitans quo suos cursus agat, II, 137 ; Arar amnis, III, 449 ; confluentes Araris et Rhodani, II, 60, 67, 101, 102, 111, 119, 124 ; III, 22 ; Araricus, II, 109, 415, 456, 472, 475, 478, 480, 482, 488.

Arvernus, I, 167 ; II, 34, 86, 101.

Asia provincia, I, 138, 167 ; Asiana natione, III, 95 ; Asiaticus fiscus, I, 238.

Asturia, I, 187.

Athelanus vicus ; 'Αθειληνός, III, 67.

Aufaniae Matronae, I, 51 ; III, 22.

Baetica, II, 483, 493.

Batavus, I, 224.

Belgica provincia, I, 167, 192.

Trajanensis, I, 419 ; II, 116 ; III, 113 ; Trojanensis (Trajanensis), III, 116.

Transalpini (negotiatores), II. 509.

Trever, I, 400 ; II, 241, 456, 459, 509 ; III, 118, 120, 121, 123, 128, 139 ; V, 45.

Tribocus, III, 73.

Tricassinus, II, 35. 75.

Tricastinus, III, 126.

Turonus, II. 80.

Tuscia, II, 393 ; Tuscus, I, 79.

Urbicus (natione), III, 139.

Urbs (Roma), I. 78, 167 ; II, 372.

Valeria (via). I, 139.

Vangio, II, 472.

Vaticanus, I, 17.

Veliocassis, II. 80, 366, 487.

Vellavus, II, 102.

Venetus, II, 80.

Vesonticus, III, 81.

Viae : lignaria triumphalis, I, 135 ; Tiburtina, I, 139 ; Valeria, I, 139.

Viducassis, II, 82 ; civitas Viducassium, V, 28. 30, 33.

Vicus Athelanus, III, 67.

Vienna, II, 390 ; Vienna felix, IV, 452 ; Viennensis, I, 80 ; II, 475, 480 ; III, 62, 128.

Viberus ? (Viperius), I, 217.

Viromanduus, II, 109. 112.

Vivisci Bituriges, II, 96.

Vocontius, I, 412 ; III, 134.

TRIBUS

Aniensis, I, 447 ; III, 165. — Fabia Romae, I, 259. — Galeria, I, 182, 286, 290, 294, 296. 308, 354, 357. 426 ; II, 355, 362, 367 ; III, 89, 445. — Palatina, I, 138 ; II, 376. — Papiria, I, 240. -- Pomptina, III, 24 ; V, 23. — Quirina, I, 109, 135, 149, 157, 162, 185, 186, 436, 444. — Sergia ?, III, 40. — Stellatina, I, 429 ; III, 442.

ROME ANCIENNE

Reges : quondam reges hanc tenuere urbem, I. 78.

Romulus, I, 78.

Numa ex Sabinis. I, 78.

Ancus Marcius, I, 78.

Priscus Tarquinius, patre Demaratho Corinthio natus et Tarquiniensi matre, I, 78.

Servius Tullius, captiva natus Ocresia ; Caeli (tusce Mastarna) quondam Vivennae sodalis, regnum summa cum reipublicae utilitate optinuit, I, 79. — Caelianus exercitus, I, 79 ; — Caelius mons, I, 79.

Tarquinius : postquam Tarquinii superbi mores invisi esse coeperunt qua ipsius qua filiorum, pertaesum est mentes regni, I, 79.

Consules annui magistratus, I, 79.

Dictatura, consulari imperium valentius, I, 79.

Tribuni plebei in auxilium plebis creati, I, 79.

Ad decemviros a consulibus translatum imperium, I, 79.

Ad consules rursus reditum, soluto decemvirali regno, I, 79.

Tribuni militum consulari imperio appellati, seni et octoni saepe creati, I, 79.

Postremo, honores imperii et sacerdotiorum communicati cum plebe, I, 79.

EMPEREURS

CÉSAR

Divus Iulius, I, 80.

AUGUSTE

Caesarem propitium habeas, II, 172.
Augustus, I, 8, 12 ; Romae et Augusto,
4, et passim.
Divus Augustus, I, 79.

DRUSUS

Pater meus (le père de Claude), I, 80.

TIBÈRE

Ti. Caesar, I, 79; Ti. Caesar, Augusti
filius, 49, pontifex maximus, consul
II, tribunicia potestate XV (ou
XVI), imperator IV (ou IX), I, 49.
Ti. Augusti imago inter signa Mercurii
et Maiae, III, 11.

CLAUDE

Ti. Claudius Caesar Augustus, I, 48 ;
IV, 501.
Ti. Caesar Germanicus, I, 80.
Ti. Claudius, Drusi filius, Caesar Au-
gustus, IV, 188.
Pontifex maximus, tribunicia po-
testate III, imperator, pater pa-
triae, IV, 188.
Censura mea, I, 79.
Discours, I, 58, 70, 78 ; V, 2,
3, 4.

VESPASIEN

Imp. Caes. Vespasianus Aug., I, 49
Sodales Flaviales, I, 118.

TRAJAN

Imp. [Caes. Nerva] Tra[janus Aug.], I, 13.
[Germanicus], D[acicus, pontifex
maximus, trib. pot..., imp....,
cos...., pater patriæ], I, 13.
Divus Trajanus Parthicus. I, 53,
138.

HADRIEN

Imp. Caes. Trajanus Hadrianus Aug.,
I, 50, 139; II, 131.
Imp. Caes., divi Trajani Parthici filius,
divi Nervae nepos, Traianus. Ha-
drianus Aug., I, 53.
Pontif. max., trib. potest. III, cos.
III, I, 53.
Indulgentissimus princeps, I, 53.
Ex auctoritate (ordonnance pour la
conservation d'un aqueduc), I,
50.
Sodales Hadrianales, I, 139.

ANTONIN LE PIEUX

Imperator Caes. Ti. Aelius Hadrianus
Antoninus, Aug. Pius, I, 17, 135.
Pater patriae, I, 17, 135.
Liberi ejus, I, 17.
Taurobole en 160 pro salute ejus et
liberorum, I, 17.

COMMODE

Imp. Caes. M. Aurelius Commodus Antoninus Aug. (ses noms effacés),
I, 27, 54 ; pius, 54.
Domus divina, I, 27, 54.
Tauroboles en 184 et en 190 pour
sa conservation (ses noms effacés), I, 27, 54.

SEPTIME SÉVÈRE

Imp. L. Septimius Severus Aug., I, 51,
284; III, 22 ; Pertinax, I, 33 ; pius
Pertinax Aug., I, 38.`
Tota domus ejus, I, 284 ; III, 22.
Autel pro salute ejus, III, 22.

SEPTIME SÉVÈRE ET ALBIN

Imp. L. Septimius Severus Pertinax Augustus, I, 33, et D. Clodius Septimius Albinus Caesar (ses noms
effacés), I, 33.
Domus divina, I, 33.
Taurobole en 194 pour leur conservation, I, 33.

SEPTIME SÉVÈRE, CARACALLA ET JULIE

Imp. Caes. L. Septimius Severus Pius
Pertinax Aug., I, 38.
M. Aurelius Antoninus Caesar, impe-
rator destinatus, I, 38.
Iulia Domna, mater castrorum, I, 38.
Tota domus divina, I, 38.
Taurobole en 197 pour leur conser-
vation, I, 38.
Mandata impp. dominorum n. n.
Augg. (Severe et Caracalla), I,
162.

SEPTIME SÉVÈRE, CARACALLA ET GÉTA

P. Septimius Geta nobilissimus Caesar
(noms effacés), imp. Caes. L. Sep-
timii Severi Pii Pertinacis Augusti
filius, Imp. M. Aurelii Antonini Pii
Felicis Augusti frater, I, 42.
Taurobole pour leur conservation,
I, 42.

Domini n. n. [fortissimi] principes
Severus et Antoninus Augg.. et
Geta nobilissimus Caesar, I, 112.
Plautianus [adfinis?] dominorum
nn., I, 112.

CARACALLA

Imp. M. Aurelius Antoninus Pius Felix
Aug., I, 42 ; Parthicus, Arabicus,
Adiabenicus, I, 42.
Sacra expeditio, I, 167.

SÉVÈRE ALEXANDRE

Severus Alexander Pius Felix Aug., I,
190; majestas sancta Imperatoris,
V, 31.

MAXIMIN ET MAXIME

Imp. Caes. C. Iulius Verus Maximinus,
Pius Felix Aug., IV, 201; Germa-
nicus max., Sarmaticus max., Da-
cicus max., pontifex maximus, tr.
p...., imp. V, consul, proconsul,
pater patriae, IV, 201 ;
Et Imp. Caes., C. Iulii Veri Maximini
Pii Felicis Augusti... filius, Caius
Iulius Verus Maximus, IV, 202 ;
Germanicus max., Sarmaticus max.,
Dacicus max., nobilissimus Caesar,
IV, 202.

GORDIEN LE PIEUX

Imp. Caes. M. Antonius Gordianus Pius
Felix Aug, I, 428, pontifex maximus, tribunicia potestate VI, consul II, pater patriae, proconsul, I,
428.

PHILIPPE

Imp. d. n. Philippus Aug., I, 52.

CONSTANTIN

Imp. Caes. Fl. Val. Constant(inus) Pius
Felix Aug., divi Constantii Pii filius...., I, 52.

Noms effacés : Commode, I, 27, 54 ;

Albin, 33 ; Geta, 42, 128 ; Sévère
Alexandre, 188.

STATUES D'EMPEREURS

Statue de Trajan, I, 13.
Statue d'Hadrien, élevée par les bateliers
du Rhône en 119, I, 153.

SÉNAT ET FONCTIONS SÉNATORIALES

Amplissimus ordo : adlectus in amplissimum ordinem (par Trajan), 138;
annorum quattuor in amplissimum
ordinem (par Antonin le Pieux),
135.

Curia : flos coloniarum ac municipiorum,
bonorum scilicet virorum et locu-
pletium, in hac curia..., I, 79.

Patres conscripti, I, 80.

Patriciae familiae : lectus inter familias
patricias, I, 128.

Senator, I, 80 ; Italicus, 79 ; provin-
cialis, 79 ; senatores ex colonia
Viennensium, 80 ; ex Luguduno,
80 ; senatores juvenes, 80 ; — clarissimus vir, 118, 123, 128 ; cla-
rissima femina, 125, 128, 190;
clarissimus juvenis, 128 ; clarissimus puer, 128.

Sevir turmae primae equitum Romanorum, I, 118.

Vigintiviri : triumvir monetalis, a. a.
a. f. f., I, 118 ; decemvir stlitibus
judicandis, 132.

Quaestor, I, 139; candidatus Augustorum (Sévère et Caracalla), 118 :
allectus inter quaestorios ?, 128 ;
(par Trajan), 138.

Tribunus, allectus inter tribunicios, I,
128.

Aedilis plebei, I, 138, 139.

Praetor, I, 138, 139 ; tutelarius candidatus Augg. (Septime Sévère et
Caracalla), 118 ; allectus inter
praetorios, 128 ; V, 17.

Praefectus praetorio vir clarissimus, I,
112, 175 ; V, 28, 33 ; praefecti
praetorio eminentissimae memoriae
viri duo, V, 7.

CONSULS

En 76 de J.-C.	Imp. Caes. Vespasiano Aug. VII.
	T. Vespasiano, Augusti f., V. . . . . I, 49
En 160 *9 décembre.*	App. Annio Atilio Bradua.
	T. Clodio Vibio Varo . . . . I, 17
En 172 *16 août.*	Orfito.
	Maximo. . . . . I, 138

En 184 *du 20 au 23 avril*	L. Eggio Marullo. Cn. Papirio Aeliano.	I, 54
En 190 *16 juin.*	[Imp. Caes. M. Aurelio Commodo Antonino Aug.] Marco Sura Septimiano.	I, 27
En 194 *du 9 au 11 mai.*	Imp. L. Septimio Severo Pertinace Aug. II. [D. Clodio Septimio Albino Caes. II].	I, 33
En 197 *du 4 au 7 mai.*	T. Sextio Laterano. L. Cuspio Rufino.	I, 38
En 216 *août ou septembre.*	Sabino. Anullino II.	II, 472
En 221 *13 février.*	Sabiniano. Seleuco	I, 416; IV, 21
En 226.	Severo Alexandro pio felice Aug. II. Aufidio Marcello II..	I, 190
En 238.	Pio. Proculo.	II, 82; V, 27
En 243 *7 janvier.*	L. Annio Arriano. C. Cervonio Papo.	I, 428
En 245 *14 ou 24 février* *ou 16 ou 26 avril.*	Imp. d. n. Philippo Aug. Titiano	I. 52
Sous Caligula *ou sous Claude*	Valerius Asiaticus ; qui ante domum intulit con- sulatum quam colonia sua (Viennensium) solidum civitatis Romanae benificium consecuta est.	I, 80
?	L. Aemilius Front....., cos.	I, 109
?	M. Neratio Pansa, cos.	II, 111

GOUVERNEURS DE PROVINCES

PROCONSULES, LEGATI AUGUSTI PRO PRAETORE, PRAESIDES

Proconsul d'Asie, province sénatoriale consulaire.

Proconsul provinciae Asiae, I, 134, 167 :

Vice proconsulis prov. Asiae (procurateur chevalier romain), I, 167.

Proconsul de Crète et de Cyrénaïque, province sénatoriale prétoriale.

Proconsul provinciae Cretae et Cyrenarum, I, 139.

Légat impérial propréteur de la Bretagne, province impériale consulaire.
Legatus Aug., pr. pr. prov. Britanniae, V, 31. •

Légat impérial propréteur de la Germanie Inférieure, province impériale consulaire.
Vice praesidis Germaniae Inferioris (procurateur chevalier romain), I, 167.

Légat impérial propréteur de l'Espagne Citérieure Tarraconnaise, province impériale consulaire d'abord, ensuite prétoriale.
Legatus Hispaniae Citerioris Tarraconensis (personnage prétorial), I, 139.

Légat impérial propréteur de l'Aquitaine, province impériale prétoriale.

Legatus Aug. pro praetore prov. Aquitanicae, I, 139.

Légat impérial propréteur de l'Arabie, province impériale prétoriale.
Vice praesidis bis (procurateur chevalier romain), I, 167.

Légat impérial propréteur de la Lyonnaise, province impériale prétoriale.
Legatus Aug. pro praetore provinciae Lugudunensis, I, 109, 140; V, 28, 33.
Legatus Auggg. (Septime Sévère, Caracalla et Geta), prov. Lugudunensis, I, 128; provincia redhibita et suscepta, 128.
Praeses provinciae Lugdunensis, I, 192, 204.
Vices praesidis agens, I, 192 ; V, 33.
Quinquefascalis in provincia Lugdunensi, I, 140, 142; V, 33.

Liste des gouverneurs de la Lyonnaise, I, 141, 142, et V, p. 7.

CENSITEURS

LEGATI AUGUSTI PRO PRAETORE AD CENSUS, AD CENSUS ACCIPIENDOS, CENSITORES

Legatus Aug. ad census accipiendos (sous Trajan), I, 141.
Legatus Aug. pro praetore ad census provinciae Lugdunensis (sous Trajan), I, 141.
Legatus Aug. pro praetore censitor provinciae Lugdunensis (sous Hadrien ou sous Antonin le Pieux), I, 141.
Censitor provinciae Lugdunensis, item Lugdunensium (sous Septime-Sévère), I, 141.

CURATEURS

Curator reipublicae c(oloniae) Lugud., vir clarissimus, I, 118; curante, 123.

Curator viarum Tiburtinae et Valeriae, I, 139.

FONCTIONS ÉQUESTRES

222, 224, 237, 238; V, 8; item Lactorae, 191.

Procurator prov. Syriae Palaestinae, I, 167; ibi exactor reliquorum sacrae expeditionis, 167.

Procurator provinciae... ... . (?), I, 185, 206, 209, 217, 220.

Procurator familiae gladiatoriae per Gallias, Britannias, Hispanias, Germanias et Raetiam, I, 193.

Procurator ferrariarum, I, 188.

Procurator fisci Asiatici, I, 238.

Procurator monetae, I, 157.

Procurator Neaspoleos et mausolei Alexandriae, I, 135.

Procurator patrimonii, I, 135, 157, 167, 185 ; prov. Bithyniae Ponti Paphlagoniae tam patrimonii quam rationis privatae, 167.

Procurator quattuor publicorum Africae, I, 192.

Procurator XXXX Asiae, I, 167 ; vice procuratoris, 167.

Procurator XXXX prov. Bithyniae Ponti Paphlagoniae, I, 167 ; vice procuratoris, 167.

Procurator XL Galliarum, I, 193; vice procuratoris, 193.

Procurator inter mancipes XL Galliarum et negotiatores, I, 193.

Procurator rationis privatae per Belgicam et duas Germanias, I, 167 ; prov. Bithyniae Ponti Paphlagoniae, 167 ; vice procuratoris, 167.

Procurator vicesimae hereditatium per provincias Narbonensem et Aquitanicam, I, 135; per Gallias Narbonensem Belgicam et utramque Germaniam, 192 ; vice procuratoris XX prov. Asiae, 167; procurator XX hereditatium Romae, 135 : procurator in Urbe magister vicesimae, 167; procurator stationis hereditatium, 157; procurator XX hereditatium, 157 ; pro magistro hereditatium, 157.

Pro magister hereditatium, I, 157.

Socii XL Galliarum, I, 229 ; servus eorum, 229; libertus eorum, 229 ; splendidissimi vectigalis massae ferrariarum Memmiae Sosandridis, c. f., quod agitur sub cura...... soc(ii ?) vectigalis, 190 ; matrix exacta, 190.

A studiis Augusti (peut-être magister), V, 8.

STATUES DE PERSONNAGES DE L'ORDRE ÉQUESTRE

Statues de procurateurs de la Lyonnaise et de l'Aquitaine, I, 138, 157, 167, 185 ; V, 8; statue élevée par les Lyonnais, 186.

Statue d'un procurateur de la Lyonnaise, censiteur, élevée par les trois Gaules integerrimo abstinentissimoque statuam equestrem, I, 162.

Statue d'un procurateur des mines de fer, I, 188.

Statue d'un summus curator civium Romanorum de la province d'Aquitaine, élevée par le sanctissime ordre de Lyon ex aerario publico ob erga rem publicam suam eximiam operam et insignem abstinentiam, II, 367 ; le personnage honoré fait remise de la dépense, 367.

FONCTIONS INFÉRIEURES

Adsessor : ad legionem sextam adsedit, V, 27 ; adsedit etiam in provincia Lugd., 27.

Aequator monetae (escl. imp.), I, 239 ; II, 47 ; sodales, II, 48.

Arcarius XL Galliarum (esclave), précédemment contrascriptor, I, 240.

Beneficiarius (soldat ou ancien soldat) du procurateur provincial, I, 206, 209, 217, 220.

Claviclarius carceris publici Luguduni (affranchi), I, 235.

A commentariis procuratoris fisci Asiatici, procuratoris provinciarum Lugud. et Aquitanicae (affr. impérial), I, 238.

Contrascriptor XL Galliarum (esclave), ensuite arcarius, I, 240.

Cornicularius (soldat) procuratoris Lug. et Aquit., I, 237.

Dispensator ad fiscum Gallicum prov. Lugud. (escl. imp.), I, 240 ; ex dispensatoribus (escl. imp.), 202, 239 ; vicarius (escl. imp), 202.

Exacta, exactis, exactus (soldat ou ancien soldat) procuratoris Lug., I, 224 ; procuratoris Lug. et Aquit., 222, 237, 238.

Judex arkae ferrariarum, V, 27 ; était tribun légionnaire et avait un assesseur, 27.

Librarius in tabulario maiore (escl. imp.), I, 238 ; scriba librarius III decuriarum quaestorius (ingénu), 197.

Librator aquarum, I, 230.

Lictor ex III decuriis (affr.), I, 200.

A memoria ; proximus a memoria (escl. imp.), I, 238.

Scriba librarius III decuriarum quaestorius (ingénu), I, 197.

Servus sociorum XL Galliarum, I, 229.

Stationarius, I, 234.

Tabellarius civitatis Lug. (ingénu), I, 230.

Tabularius (affr. imp.), I, 233, 238 ; rationis ferrariarum, 135, 231, 237 ; XL Galliarum (affr. imp.), 227.

Vicarius dispensatoris (escl. imp.), I, 202.

SERVICES DE L'ADMINISTRATION PUBLIQUE

Carcer publicus Lugduni, I, 235.

Decuriae quinque (judicum), I, 182 ; tres (apparitorum), I, 197, 200.

Ferrariae, I, 188 ; ratio ferrariarum, 135, 231, 237 ; splendidissimum vectigal, 190 ; massa ferrariarum, 190 ; matrix exacta, 190.

Fiscus Gallicus, I, 240 ; Asiaticus, 238.

Massa ferrariarum, I, I, 190.

Matrix exacta, I, 190.

Mausoleum Alexandriae, I, 135.

Moneta, I, 157, 239, 433.

Patrimonium, I, 135, 157, 167, 185.

Publica quattuor Africae, I, 192 ; publicum XL Galliarum, I, 229, 240.

Quadragesima Asiae, I, 167 ; Bythyniae Ponti Paphlagoniae, 167 ; Galliarum, 192, 193, 227, 229, 238, 240.

ARMÉE

LÉGIONS

II Augusta, I, 287.

Centuria. IV, 505.
Centurio, I. 290.
Signifer, I, 290 ; (Lugud.). III, 341.
Speculator (tribu Galeria), II, 341.
Miles. IV, 505.

II Trajana Fortis, I, 290.

Praepositus vexillationum ??; I, 139.

III Cyrenaica, I, 292.
     Antoniniana, 139.

Praepositus vexillationum ??; I, 139.
Centurio, I, 259.
Miles (Lugud.), I, 294.

IIII Macedonica, I, 295.

Miles (domo Luguduni), I, 296; II, 341.

IIII Scythica, I, 296.

Tribunus?, I, 298.

V Macedonica, I, 297.

Tribunus, I, 128, 302; II, 87.

VI Victrix, I, 302; sexta, V, 27.
     Pia Fidelis, 308; II, 341.

Centurio, I, 305.
Veteranus, I, 307; (Lugud.), 308 ; II, 341.
Adsessor : cui postea legato Aug. (prov. Britanniae) penes eum ad legionem sextam adsedit, V, 28.

VII Gemina, I, 308.

Tribunus, I, 128, 187, 310.
Eques duplicarius domo Lugud., II, 341.

VIII Augusta, I, 310.

Praefectus, II, 112.
Tribunus, V, 28; avait un assesseur, V, 28.
Tribunus sexmestris, I, 315.
Beneficiarius, I, 315.
Cornicularius, I, 204, 325.
Immunis, I, 325.
Miles beneficiarius tribuni sexmestris, I, 315; miles, I, 325.
Missus honesta missione, I, 204, 317, 310, 325.
Veteranus, I, 321; ex corniculario praesidis prov. Lugud., I, 204, 325; immunis consularis, I, 325.
Tuiles à la marque LEG. VIII. AVG., IV, 224.

X Fretensis, I, 326.

Tribunus laticlavius, I, 329.

XI CLAUDIA, I, 329.

XIII GEMINA, I, 334.

XIIII GEMINA, I, 337.

XV APOLLINARIS, I, 341. Pia fidelis, 162.

XVI GALLICA, I, 344.

XX VALERIA VICTRIX, I, 346.

XXI RAPAX, I, 350.

XXII DEJOTARIANA, I, 354.

XXII PRIMIGENIA, I, 357.
    Pia fidelis, 220, 363, 365, 367,
      369, 371, 375.

XXX ULPIA VICTRIX, I, 370 ; V, 15.
    Pia fidelis, I, 384, 392.

SEVERIANA ALEXANDRIANA, I, 240,
    370 ; V, 12.
ALEXANDRIANA, I, 400.

LÉGIONS INDÉTERMINÉES.

Tribunus?, I, 208, 333.

Tribunus?, I, 208, 337.

Legatus, I, 128.
Centurio (domo Petavione), I, 240, 341.

Tribunus, I, 162, 343.

Miles (Lugud.), I, 345 ; II, 341.

Tribunus, I, 350 ; II, 367.

Veteranus, I, 353.

Miles (Lugud.), I, 357.

Beneficiarius procuratoris, I, 220.
Miles, I, 376.
Missus honesta missione, I, 220, 365,
    367, 376.
Optio, I, 363.
Veteranus, I, 220, 365, 367, 376 ; cas-
    tris inter ceteros conveteranos revo-
    citus, bello interfectus, I, 375.

Tribunus, I, 382, 401.
Centurio (domo Petavione), I, 240.
Emeritus, I, 388.
Librarius, I, 384, 387.
Miles?, I, 387 ; — exactus procuratoris
    prov. Lugd., 224, 401 ; — inter-
    fectus, 384.
Missus honesta missione, I, 390, 392 ;
    (domo Philippopoli), I, 392.
Signifer, I, 379.
Veteranus, I, 394, 396, 398, 400, 401,
    402 ; (civis Trever), 400.
Stipendiorum XXV, vixit ann. XLIII,
    I, 387.

Tribunus, I, 416.
Centurio legionarius, I, 407.
Beneficiarius? du consularis, I, 414. In-
    signe des bénéficiaires, 214.

Commentariensis, I, 416.

Cornicularius, I, 410.

Eques cornicularius, I, 157.

Evocatus, I, 413.

Frumentarius, I, 416.

Immunis? du consularis, I, 414.

Miles?, I, 414.

Speculator, I, 416.

Veteranus?, I, 414.

Militiae consummata peritia, V, 27. — Militiae salarium, XXV N., V, 30. — Militiae equestres, I, 163. — Insigne des bénéficiaires, I, 214. — *Ex b. f.*, à lire peut-être *ex beneficiariis* plutôt que *ex beneficiario*, I, 209, 217, 220.

COHORTES PRÉTORIENNES

Cohors II praltoria Gordiana Pia Vindex, I, 428.

Miles, qui pie et fortiter militia functus est, I, 428; libéré avec le jus connubii, 428.

Tabula aenea quae fixa est (Romae) in muro post templum divi Augusti ad Minervam, I, 428.

COHORTES URBAINES

Cohors XVII Lugudun,iensis ad Monetam, I, 433.

Centuria, I, 433.

Miles, I, 433.

Cohors XIII Urbana (en garnison à Lyon), I, 436, 446.

Medicus castrensis, I, 437.

Emeritus, I, 436, 440; V, 10.

Miles, I, 437, 440, 444, 445; qui militavit ann. XXI, 449.

Missus honesta missione, I, 442.

Optio carceris, I, 437.

Signifer, I, 436, 448.

Veteranus, I, 442.

Cohors I Flavia Urbana (en garnison à Lyon), I, 447.

Centurio, I, 447.

Miles, I, 447.

COHORTES DES VIGILES

Cohors vigilum, I, 449.

Praefectus, I, 450; V, 19.

COHORTES AUXILIAIRES

Cohors I Germanica, I, 419. Centurio (ex Germania Inferiore). I. 419.

Cohors I Gallica in Hispania, I, 167. Praefectus, I. 167. 425.

Cohors Thracum, I, 426. Miles (Lugud.), I. 426.

Cohors II Hispana, I. 162, 425. Praefectus, I, 162. 425.

Cohors XXXII Voluntariorum, I. 426. Miles (Lugud.). I. 426.

ALAE

Ala Sulpicia civium Romanorum, I, 162, 426. Praefectus. I, 162, 426.

NUMERI

Numerus equitum catafractariorum, I. 422. Centenarius (bas relief le représentant). I. 423.

FLOTTE

Classis Ravennatium. I. 453. Praefectus, I. 453.

LES TROIS GAULES

Assemblée provinciale des trois Gaules au confluent de la Saône et du Rhône.

Dix-sept peuples constitués en cités en Aquitaine : six entre Pyrénées et Garonne, II, 7, onze entre Garonne et Loire, 8, 83 et suiv., V, 20. . . 17

Vingt-deux peuples constitués en cités en Belgique, II, 14. 103 et suiv.; V, 22 22

Vingt-cinq peuples constitués en cités dans la Lyonnaise; II, 10, 57, 103 et suiv.; V, 21 25
___
En total soixante-quatre peuples constitués en cités 64
___

Galliae, tres Galliae, tres provinciae Galliae, I, 109. 112, 162 ; II, 56. 60. 62, 75, 77. 79. 80, 86, 87, 91, 94. 96, 98. 101. 103, 107. 110, 111, 112, 122, 124. 126, 131, 132 ; V, 27 ; créent un prêtre. II, 91. 94 ; décernent des statues : à un gouverneur de la Lyonnaise, I, 109; au préfet du prétoire Plautien, 112 ; à un procurateur censiteur, 162 ; à un prêtre, II. 60. 75. 77. 86, 101, 111, 132 ; à un allector arcae, 80 ; ob allecturam fideliter administratam. 109 ; à un judex arcae, 86, 98, 126 ; à un inquisitor,

trois Gaules, 87 ; — sans indication de cité, statue au Confluent par les trois Gaules, 126.

Inquisitor Galliarum, II, 80, 96, 105, 107, 109, 112 ; — Pictavus, statue au Confluent par les trois Gaules, 96 ; — Sequanus, statue au Confluent par les trois Gaules, 105 ; — Suessio, statue au Confluent par les trois Gaules, 107 ; — Turonus, statue au Confluent par les trois Gaules, 80 ; — Viromanduus, statue au Confluent par les trois Gaules, 109.

Haruspex primus de LX (peut-être pas des trois Gaules), II, 2.

Libertus trium Galliarum, II, 132.

Amphithéâtre des trois Gaules, II, 33-43. — Places réservées aux Arvernes et aux Bituriges Cubes, 34 ; aux Tricassins, 35 ; à d'autres, 36 ; aux sevirs augustaux, 37. — Libéralités à l'amphithéâtre, 38, 39 : 240.000 sesterces, 39. — Substructions encore existantes au penchant de la colline qui termine la presqu'ile du Confluent, 297 ; l'amphithéâtre des trois Gaules différent de l'amphithéâtre municipal, dont les substructions existent encore sur la colline de Fourvière, 297.

STATUES

Statues de prêtres et de fonctionnaires des trois Gaules, voir le détail ci-dessus.

Statues de parents de prêtres : père, II, 62, 127 ; mère, 115 ; frère, 71, 127 ; femme, 71, 122 ; fils, 89, 124, 127 ; fille, 71, 89, 99, 115 ; petit-fils, 71, 89 ; petite-fille, 71, 89, 122.

CONSTITUTION MUNICIPALE

Lyon : histoire et monuments, II, 135 à 334.

Lugudunenses, Lugdunenses, I, 118, 141, 187 ; II, 338, 352 ; patronus, I, 118 ; II, 337, 339 ; curator, I, 118, 123 ; II, 337, 339.

Civitas, II, 349 ; civis, I, 230 ; II, 338, 490 et passim.

Populus : ex postulatione populi, II, 362.

Publice, II, 367.

Res publica, I, 118, 123 ; II, 367 ; erga rem publicam eximia opera et insignis abstinentia, 367.

Colonia, I, 182 ; II, 173 ; in Gallia colonias deduxit Lugudunum et...., II, 164 ; colonia Copia Claudia Augusta, passim, I, 27, 33, 38 ; II, 345, 348, 352, 357, 370, 402, 417, 419, 421, 425, 429, 430, 433 ; pro situ, I, 27 ; pro statu 33, 38 ; Genius de la colonie, II, 148, 149, 172 ; coloni : colonorum liberta, III, 49 ; sublectus in numero colonorum, II, 487.

Ordo sanctissimus, I, 17 ; II, 2, 362, 367 ; suffragio sanctissimi ordinis, II, 362 ; splendidissimus, 352.

Curia, II, 342, 352 ; adlectus in curiam Lugudunensium nomine incolatus, 352.

Civitas Tricastinorum : decurio. III, 126.

Civitas Turonorum : omnibus honoribus functus, II, 80.

Civitas Viducassium : primus sacerdos Mercurii, Martis et Dianae, II, 82 ; V, 28 ; cum patria sua inter ceteros legatum (ad aram Romae et Augusti) creasset, nihil de accusation mandasset, II, 82 ; V, 33.

Colonia Viennensium : ex qua colonia, I, 80 ; ornatissima valentissimaque, 80 ; antequam colonia solidum civitatis Romanae benificium consecuta est, 80.

Civitas Viromanduorum : omnibus honoribus functus, II, 109.

Civitas Vocontiorum : decurio, I, 412.

Cité non désignée ; praefectus coloniae, II, 115.

Topographie lyonnaise, II, 136 à 163 ; *monuments*, 273 à 334.

Aedes (Fortunae), dedicata idibus februariis Sabiniano et Seleuco cos (en 221), III, 21 ; — aedes et signa duo (Mercurii et Maiae) cum imagine Ti. Augusti, III, 11.

Aedicula : aram et signum (Silvani) inter duos arbores cum aedicula, I, 235.

Agri spatium tutelae ductus (aquae) destinatum, I, 50.

Ara Romae et Aug. inter confluentes Araris et Rhodani, voir ci-dessus le paragraphe intitulé : Les trois Gaules.

Attianacus? (vicus), II, 461.

Canabae, Kanabae, le quartier des negotiatores vinarii, II, 452, 461, 463, 483, 493 ; III, 403.

Canatha (Genay, près Lyon), III, 67, 71.

Circus : cinq cents places données par un édile, II, 366 ; rétablies par la corporation des centonaires, I, 123 ; jeux donnés dans le cirque par un particulier, II, 362 ; mosaïque représentant le cirque, 302.

Condatensis pagus : pagani Condatenses, II, 47.

Confluentes Araris et Rhodani, voir ci-dessus le paragraphe intitulé : Les trois Gaules.

Domus Iuliana : finis collegii Larum in domo Iuliana, II, 435.

Ductus (aquae) : ex auctoritate Imp. Caes. Traiani Hadriani Aug. nemini arandi, serendi, pangendive jus est intra id spatium agri quod tutelae ductus destinatum est, I, 50.

Fons : in his praediis thermulae salutares ex aqua] fon[tis....]. II, 64.

Habitatio, II, 501.

Hospitium : Septumanus hospitium promittit, III, 87.

(Lavacrum?) Apollinis : vade in Apolinis lavari, II, 505 ; Apollo salutem promittit, III, 87.

Locus datus, passim ; decreto nautarum Rhodanicorum, II, 466 ; nautarum Araricorum, II, 472 ; paganorum Condatensium, 47.

Locus excultus cum discubitione et tabula, III, 22.

Locus sepulturae, II, 2 ; du collège des fabri et des artifices tectores, 501.

Murus et scandula : muro et scandula cinxit, III, 6.

Pagus Condatensis : pagani Condatenses, II, 47.

Praedia haec, II, 64 ; III, 80.

Signa : voir à la table des dieux, déesses et personnages mythologiques.

Solum publicum, III, 2.

Spatium agri tutelae ductus destinatum, I, 50.

Statues, I, 13, 109, 112, 118, 125, 132,
135, 138, 139, 153, 157, 162, 167,
185, 186, 188; II, 60, 70, 75, 77,
80, 82, 86, 87, 80, 94, 96, 98,
101, 102, 105, 107, 109, 111, 122,
124, 126, 367, 452, 456, 472, 480;
V, 8.

Templum Romae et Aug....., inter confluentes Araris et Rhodani; voir
ci-dessus le paragraphe intitulé :
Les trois Gaules.

Thermulae s'alutares] in his praediis,
II, 64.

SÉVIRS AUGUSTAUX

Sevir, I, 200; II, 38, 376, 429.

Sevir augustalis, I, 17, 279; II, 37, 39,
381, 382, 383, 386, 387, 389, 390,
392, 393, 396, 398, 402, 413, 415,
417, 419, 421, 424, 426, 429, 430,
431, 433, 434, 435; Luguduni consistentes, 493.

Corpus, II, 220, 417, 421, 424, 429.

Honoratus, II, 433; gratuitis honoribus,
435.

Curator, II, 421, 424, 426, 431.

Patronus, II, 417, 429, 435, 452, 493.

Sévir de Lyon et de Vienne, II, 390; de
Lyon et de Pouzzoles, 400.

Sevir et argentarius, II, 413; et barbari-
carius, 402; et centonarius, 415,
426, 433; et dendrophorus augustalis, 433; et faber tignuarius, 421;
et frumentarius, 415; et nauta Araricus, 415; et nauta Rhodanicus,
421; et nauta Rhodanicus Arare
navigans, 424; et sagarius, 433;
et unguentarius, 434.

Distributions : seviris augustalibus denarios tres, II, 362.

COLLÈGE DES LARES

Finis collegii Larum in domo Iuliana, II,
435 ; III, 22.

CORPORATIONS PROFESSIONNELLES

Annonarii riparii (peut-être pas une
corporation municipale), II, 517.

Centonarii, I, 123 ; II, 218; Luguduni
consistentes, 415, 426 ; omnibus
honoribus functus, 426; honoratus,
433 ; patronus, 426; loca 500 in
circo de suo inpendio restituit,
I, 123.

Cisalpini et Transalpini negotiatores :
corpus splendidissimum, II, 217;
500 ; praefectus, 500.

Dendrophori, I, 17, 27 ; II, 30, 217 ;
Luguduni consistentes, I, 27 ; quinquennalis perpetuus, I, 27 ; fait
remise de la dépense de la consécration d'un autel, I, 27 ; dendrophori augustales, II, 426, 440 ;
corpus, 426, 440 ; quaestor duplicarius ex consensu universorum,
440 ; curator, 426.

Diarenses ?, II, 325.

Diffusores olearii ex Baetica (corporation
peut-être pas Lyonnaise), II, 483,
493 ; corpus, 483, 493 ; curator,
483, 493.

Fabri, II, 218, 447, 452 ; Luguduni
consistentes, 447, 452 ; collegium,
447 ; honores quaestorii redempti,
447; patronus, 452; voy. Tignuarii.

Nautae arecarii ? (peut-être arcarii) et
Condeates ?, II, 80; Lugduni consistentes, 109; patronus, 80, 109, 484.

Nautae Ararici, II, 216, 415, 456, 469,
472, 475, 480, 482, 483 ; corpus,
456, 472, 483, 484 ; decreto nau-

Negotiatoribus vinariis denarios quinque, II, 452 ; — negotiatoribus vinariis denarios tres, II, 450 ; — omnibus navigantibus denarios tres, II, 460 ; — universis nautis praesentibus denarios tres, II, 472 ; — omnibus corporibus Lugduni licite coeuntibus denarios duos, II, 362 ; — omnibus honoratis praesentibus epuli denarios duos, II, 47.

STATUES DE PATRONS ET DE CURATEURS DE CORPORATIONS

Statue d'un négociant en vins curateur et patron de la corporation, patron des bateliers du Rhône, patron des chevaliers romains, des sévirs, des utriculaires et des fabri, élevée par les négociants en vins de Lyon in Canabis consistentes, II, 452.

Statue d'un Trévère, batelier de la Saône, patron de la corporation, patron des négociants en vins, élevée par eux, II, 456.

Statue d'un Vangion, batelier de la Saône, curateur et patron de la corporation, sur un emplacement donné par décret des bateliers de la Saône en 216, II, 472.

Statue d'un curateur et patron des bateliers du Rhône et de la Saône, élevée par eux sur un emplacement donné par décret de la corporation, II, 480.

INSCRIPTIONS PRIVÉES

MÉTIERS NON ORGANISÉS EN CORPORATIONS

Actor praediorum horum, III, 80.

Alicaria ars, II, 419 ; sevir augustal?, 419.

Argentarius, III, 413 ; exclussor, 57 ; vascularius, 86.

Ars : alicaria, II, 419 ; barbaricaria, 402 ; caracteraria, III, 59 ; cretaria, I, 274 ; II, 447. 459 ; ferraria, 498 ; lintiaria, III, 88 ; macellaria, 78 ; prossaria, 62 ; saponaria, 76 ; vitria, 52.

Artifex, III, 57.

Barbaricaria ars, II, 402, en même temps sevir augustal ; navette à brocher, 407,

Caracteraria ars, III, 59.

Cretaria ars, I, 274 ; II, 447. 459 ; exsercens artem cretariam, 447 ; consistens Luguduni et pertinens ad collegium fabrorum, 447 ; negotiator vinarius, 459.

Dymacherus sive assidarius, III, 88 ; p(ugnarum) VII, rud(e) I, III, 88.

Exclussor (artifex argentarius), III, 57.

Fabrica ferraria ars, II, 498 ; quem arte sua educaverat, 498 ; juvenis incomparabilis ingenii artis fabricae ferrariae, corporatus inter fabros tignuarios Luguduni, 498.

Frumentarius negotiator, II, 415 ; sevir Aug. Lug. et nauta Araricus, item centonarius Lug. consistens honoratus, 415.

Hospitium, III. 87 ; Septumanus promittit cum prandio. hospes ubi maneas prospice. 87.

Laudecenarius. III. 87.

Lintiaria ars, III. 88 ; lintiarius, II, 487.

Litterae liberales ; studium liberalium litterarum, II. 357.

Macellaria ars, III, 78.

Muriarius, II, 424 ; sevir aug., nauta Rhodanicus corporatus inter fabros tignuarios Lug. consistentes.

Medicus, III, 15 ; castrensis, I, 437 ; ocularius, IV. 509, 511, 512, 513 : anicetum ad aspritudines, IV. 513 ; chelidonium, 509; diasmyrnes ad omnia vitia ex ovo, 512 ; diapsoricum, 509; galbanum, 511 ; lysiponium ad aspritudines, 512.

Medica, III, 78.

Naviclarius marinus, II, 400, sevir aug. Luguduni et Puteolis.

Negotiator, negotiatores, II, 415, 410, 424, 490; III, 62. 65, 67, 76, 86, 87.

Nummularius, III, 86.

Ocularius, voy. ci-dessus medicus.

Prossaria ars, III, 62.

Rudis : rude prima, III. 88 ; secunda rudis, 8.

Saponaria ars, III, 76.

Studia : in studiis Romae, III, 88 ; studentes, 81 ; floruit at studium liberalium litterarum, II, 357 ; scholastica. III, 89.

Spectacula : VII pugnarum, III. 83 ; XV pugnarum, IV. 454 ; stantes missi, 454.

Vascularius (argentarius). III, 86.

Vitria ars, III, 52.

PARENTÉS, AFFINITÉS, QUALIFICATIONS

Adelfus, I, 419.

Adfinis, I, 112 ; adfinibus, III, 450.

Alumnus, III, 425 ; (esclave), I, 180 ; II, 393 ; III, 121, 444, 462 ; (affranchi), III, 81, 284, 289, 459, 461; alumno carissimo, karissimo, II, 393 ; III, 81, 461 ; dulcissimo, 181, 289, 459.

Alumna : alumnae dulcissimae, III, 451, 453.

Amicus, i, 80 ; III, 184, 217, 368, 445 ; ab ineunte aetate et condiscipulatu copulatissimus, III, 123 ; amico, I, 436 ; III, 432 ; incomparabili, II, 349 ; optimo, III, 443 ; amice lude, jocare, veni, 368 ; amicus benemeritus, V, 28 ; licet plura merenti tibi ex me pauca velim accipias

libenter, chlamidem carbasinam, dalmaticam Serdicenam, lucernas duas : tossiam Britannicam, pellem vituli marini semestris..., deinceps pro meritis adfectionis magis digna consecuturus .... concordiae....., V, 31; benemerenti, 250.

Amica : amicae carissimae, III, 445; incomparabili, 184.

Amici, I, 281 ; III, 421 ; amicis optimis III, 21.

Anima : animae (jeune garçon) incomparabili, III, 461 ; innocentissimae, 289; optimae. II, 303 ;(jeune fille) dulcissimae, III, 222, 393, 468 ; innocentissimae, 186, 451 ; pientissimae, 454; sanctissimae, 417 ; (épouse) carissimae, II, 382 ; dul-

individuo amore junctus, 343 ; longus amor perit dirempta morte recepta : ⌐par⌐ utinam [una nos] fatus texisset utrosque, 316.

Quae vixit cum eo

a.3,	m 6,	d 7,	III, 378.,
5	6	18	II, 505.
6	5	15,	I, 281.
7	»	»,	I, 315.
8	4	»,	I, 206.
10	»	»,	III, 440.
15	»	»,	III, 212.
15	4	11,	II, 478.
16	»	»,	III, 363.
16	4	11,	III, 128.
18	1	20,	I, 321.
22	2	5,	I, 209.
22	5	3,	I, 369.
23	»	»,	III, 298.
23	»	25,	I, 325 ; III, 441.
23	8	25,	III, 471.
24	»	»,	III, 403.
28	»	»,	III, 280.
30	»	».	III, 368.
31	»	»,	III, 179.
32	»	»,	III, 442.
34	3	1,	III, 410.
36	»	»,	III, 440.
36	3	10.	III, 316.
41	8	»,	III, 105.
46	»	»,	III, 472.

Qui vixit cum ea

a. 13	m. 5	d. »,	III, 214.
16	3	15,	II, 475.
20	»	»,	I, 267 ; III, 100.
20	2	»,	III, 187.
23	»	».	III, 139, 298, 467.
25	»	»,	III, 343.
25	5	3,	I, 367.
38	»	»,	III, 54.
40	»	»,	III, 441.

Conlacticia, III, 225.

Conservi. III, 267.

Consobrinus, I, 419.

Contubernalis : contubernali carissimo, I, 270.

Dominus, III, 121 ; domino karissimo, I, 390.

Femina, III, 312 ; adfectionis plena erga omnes homines. III, 443 ; summa castitate praedita, I, 206 ; castitatis exemplum. 443 ; sine crimine, 454 ; feminae dulcissimae, I, 398 ; III, 113 ; fidelissimae, 462 ; incomparabili, I, 209 ; III, 97, 128, 234, 293 ; probissimae, 447 ; rarissimae, 443 ; sanctissimae, I, 206, 209, 379 ; II, 478 ; III, 105, 109, 128, 139, 160, 176, 193, 200, 280, 293, 298, 343, 368, 375, 410 ; stolatae, 441 ; sanctissimae et incomparabili moribus et pietate, III, 193 ; spirito incomparabili, 441 ; unius maritae, 368.

Filius, passim, I, 302 ; II, 424, 408 ; III, 4, 127, 307 ; filio, carissimo, karissimo, III, 50, 160, 196, 246, 395, 440, 446, 447, 458, 468, 471 ; dulcissimo, I, 315, 419 ; III, 81, 157, 247, 380, 402, 430, 455, 457 ; pientissimo, II, 345 ; III, 50, 116, 232, 380, 455 ; piissimo, 445, 455 ; reverentissimo, 455 ; unico, II, 421 ; III, 181, 447.

Filia, passim, III, 47, 301, 403, 444 ; filiae carissimae, karissimae, IV, 264, 393, 454 ; dulcissimae, I, 231, 310, 407 ; III, 80, 153, 156, 186, 222, 228, 261, 272 ; pientissimae, III, 206, 441, 471 ; piissimae, 222 ; integro corde felix etiam in eo quod prior (ante parentes) ocupavit, 310 ; masque en plâtre de la défunte déposé dans le tombeau. 228.

Filii. I, 240 ; II, 500 ; III, 73, 241, 250, 306, 331, 370, 308, 444, 456 ; duo, 451.

Filiae. I, 369 ; III, 341 ; superstites. III, 65 ; filiabus dulcissimis, I, 231.

Filiastra, I, 440.

Filiaster, III, 181.

Fratres. I, 80, 440 ; II, 127, 307, 408 ; III, 91, 130, 178, 204, 206, 280, 380, 400, 452, 460, 468, 498 ; fratri carissimo, karissimo, I, 388 ; III, 250, 413, 443 ; pientissimo, 67, 323, 405 ; piissimo, I, 224 ; III, 301, 457 ; ante tempus erepto, 323 ; fraterna adfectio, III, 123.

Gener. III, 441 ; V, 10 ; genero pientissimo, III, 380 ; reverentissimo, II, 500.

Heres. III, 200, 354, 372, 470 ; bonorum exemplorum. II, 433 ; (conjux). I, 264 ; (filius). I, 264, 302 ; III, 127 ; (filia). 444 ; (frater); 259, 455 ; (liberta). I, 304 ; (libertus). III, 134 ; (uxor). I, 382, 392, 396.

Heredes. I, 197, 217, 307, 396, 437, 445, 447 ; II, 405 ; III, 101, 259, 309, 335, 354, 375, 413, 419, 443, 445, 456 ; ex testamento, I, 307 ; (filii), I, 249 ; II, 509 ; III, 73, 250, 456 ; (liberti). I, 365 ; III, 327, 408, 443.

Homo : homini dulcissimo, III, 440 ; fidelissimo, I, 274 ; incomparabili, II, 440 ; innocentissimo, III, 249 ; optimi, I, 367 ; II, 402 ; III, 54, 105, 202, 441 ; pientissimi, I, 274 ; probissimi, 73, 287, 441 ; sanctissimi, 218 ; verecundissimi. III, 441.

Homines : homines mali. I, 207 ; adfectio erga omnes homines. III, 443.

Infans. I, 267 ; III, 458, 463 ; dulcissimus, 181, 204, 457 ; incomparabilis, 181 ; infas laboriosissima cui non licuit manibus suis patris oculos tegere. I, 267 ; infanti dulcissimae, II, 408 ; III, 387.

Iuvenis. III, 405 ; juveni dulcissimae. III, 378 ; juveni innocentissimo, II, 420 ; III, 291, 462 ; modestissimo. 440 ; optimo, I, 270 ; III, 110, 274, 360, 440 ; piissimo, 440 ; verecundissimo, 91 ; incomparabilis ingenii, II, 498 ; cujus aetas talis fuit ut virgo defunctus sit, cujusque sapientia omnibus admirabilis fuit. 408.

Liberi, III, 160, 280 ; liberi superstites. I, 224 ; II, 396 ; III, 160.

Libertus. passim ; libertus Augusti, Augustorum. I, 135, 227, 231, 232 ; III, 81, 170, 298, 440, 452, 467, 471 ; libertus et conjux, I, 384 ; III, 466 ; libertus et tutor 127 ; bene cognitus, 173 ; liberto carissimo. II, 426 ; incomparabili, III, 274, bene merito, 326 ; piissimo, 242 ; probissimo, 300 ; liberto et nepoti, 362.

Liberta, passim, III, 43, 49, 452 ; et conjux, I, 200, 369, 384, 396 ; III, 312, 471 ; idenque neptia, 339 ; et uxor, 335 ; libertae karissimae, I, 209 ; obsequentissimae, III, 336.

Liberti passim ; libertei, II, 376 ; liberti, III, 203, 205, 408 ; six *pilei* gravés au bas de l'épitaphe de la patronne, 170.

Maritus, III, 130, 187, 314, 472 ; cru-

delissimus, 280 ; deceptus, 273 ;
desolatus, 411 ; marito carissimo,
karissimo, 272, 406 ; incomparabili, 272, bene merenti, 418 ;
pientissimo, 406 ; adfectionis mariti aeterna beneficia, 187.

Marita : unius marita, III, 368.

Mater, passim ; III, 191, 198, 212, 228,
246, 272, 380 ; filio unico deso-
lata, 181 ; dolens obitu filii, 380 ;
doloris plena, 451 ; generosa, I,
78 ; infelicissima, I, 384, 407 ; II,
498 ; III, 50, 430 ; laboriosissima,
I, 279 ; misera, I, 419 ; III, 307 ;
miserrima, I, 255 ; II, 413 ; morte
filii orbata, 116 ; orfana, 451 ;
filios duos caruit, 451; matri carissimae, karissimae, II, 398 ; III,
212, 239; dulcissimae, 128, 306,
377, 449 ; optimae 365 ; pientissimae, 160, 210, 257 ; piissimae, I,
237, 369 ; III, 166, 453.

Matrimonium, I, 321 ; III, 312, 368.

Matrona incomparabilis, III, 157.

Mihi : annum novum faustum felicem
mihi, IV, 456.

Monna (conjux), I, 259.

Mores honesti, V, 27.

Nati, III, 447.

Nepos, I, 78; II, 71, 89; III, 62, 319, et
libertus, 362.

Nepotes, III, 319 ; superstites, 160.

Neptia : neptiae benemerenti, III, 296 ;
obsequentissimae, 336. — Neptis,
II, 71, 89, 345.

Nurus, III, 445.

Nutricius : qantum ad laborem nutri-
cio, I, 267.

Nutrix, III, 225 ; nutrici pientissimae,
450.

Nutriti : ad solacium praecedentis orbitatis nu, 357. tirtil

Orbati : morte filii orbata, III, 116 ;
amissione filii orbati, 294 ; amissione unici filii sine subole ejus
orbati, 446 ; ad solacium praecedentis orbitatis, II, 357.

Orfana (mater), III, 451 ; orfanitatem
qua perdiderunt patrem, 403.

Parvulus, parbulus, III, 100.

Parens, I, 419.

Parentes, I, 419 ; III, 89, 157, 169,
181, 261, 266, 366, 402, 419, 440,
463 ; desolati, 387 ; infelicissimi,
II, 357 ; miserrimi, III, 446 ; pientissimi, 470 ; qui sibi ab eis (filiis)
id fieri speraverant, II, 498. —
Parentibus, II, 357 ; III, 105, 181,
222 ; carissimis, karissimis, I, 373 ;
III, 193, 259 ; merentissimis, II,
509 ; pientissimis, III, 331 ; de se
fructus gloriosi brevi cursu aetatis
ostendit, longi temporis dolorem
parentibus reliquit. II, 357.

Pateratus, I, 440.

Pater, passim, I, 78, 80, 189, 267 ;
III, 189, 212, 233, 345, 380, 383,
400, 468 ; deceptus, 291 ; infeli-
cissimus, 393 ; laboriosus, 454 ;
patri carissimo, karissimo, I, 442 ;
II, 424, 487 ; III, 62, 195, 259 ;
dulcissimo, I, 367 ; III, 218 ; incomparabili, II, 421 ; III, 403 ;
pientissimo, I, 390, 442 ; III, 386,
442 ; piissimo, I, 367 ; II, 402; III,
486 ; qantum ad pietatem patri, I,
267 ; orfanitatem qua perdiderunt
patrem incomparabilem, III, 403 ;
relictus a patre, 73.

Patres : orbati, III, 294.

Patronus, passim ; I, 118, 369, 394 ; II,
400, 513 ; III, 223, 326, 459 ; deceptus, 242 ; qantum ad benevo-
lentiam patrono, I, 267 ; carissi-

INSCRIPTIONS FUNÉRAIRES

Manibus (diis), passim ; III, 144 ; opto felix et hilaris vivas qui legeris et Manibus meis bene optaveris, II, 415.

Memoriae aeternae, passim ; bonae, III, 443 ; dulcissimae, I, 407 ; III, 282 ; perenni, 441 ; perpetuae, 446 ; sanctissimae, 444.

Quieti, III, 171, 225, 242 ; aeternae, I, 321 ; III, 105, 145, 169, 280, 387, 442, 455, 407 ; quietem dedit, 171 ; post animae requiem, 225.

Securitati aeternae, III, 171, 212, 443, 460 ; perpetuae, 175, 222, 349, 415.

Spei aeternae, III, 443.

Ara, III, 157, 403, 444 ; ara dedicata avec date, II, 472 ; aram inscripsit, III, 444 ; locum arae concessit, 157.

Domus aeterna, III, 348 ; saxea corpus habens, 225.

Lapis : lapidem ponendum curavit et sibi viva comparavit, III, 100.

Locus, I, 410 ; locus sepulturae, II, 2 ; locum concessit, III, 157 ; in fronte pedes IIII, retro pedes IIII, 433.

Maesoleum :...corpus ab urbe ad.ferri curaverunt et sarcophago intra maesoleum condiderunt, II, 372.

Memoria : memoriam posuit ex mediocritate sua, I, 277 ; memoriam quam conjugi fecerat, filius eumdem cum conjuge collocavit, III, 444 ; conjugi memoria substituit, I, 305 ; memoria laudis et gloriae, III, 187 ; memoriam poni, 403.

Monimentum, monumentum, II, 382 ; III, 225, 447 ; hoc monumentum heredem non sequitur, III, 470.

Sarcofagus, sarcophagus, II, 372 ; III, 127, 443, 444 ; ossa condita in sarcofago, 120.

Saxum, III, 225.

Sepulchrum : titulus sepulchri, III, 123.

Sepultura, II, 2, 501.

Tumulus, III, 54, 410, 440 ; duplex, 109 ; tumulum instituit, 225.

Urna, III, 464.

Aditus liber exceptus est, I, 384 ; qui exceperunt aditum, II, 501.

Collocavit, III, 444.

Comparavit, III, 60.

Dedicavit, dedicaverunt, passim ; sub ascia, passim.

Dicavit, III, 410.

Faciendum curavit, curaverunt, passim, I, 307.

Fecit : sibi vivus fecit, III, 214, 222, 228, 308, 378, 437.

Inscripsit, scripsit, inscribendum, scribendum curavit, curaverunt, II, 382, 383, 421, 440, 444 ; III, 169, 403, 444 ; script.... concessit, 175.

Instituit, II, 400.

Littera data saxo retinens vocem, III, 225.

Posuit. posuerunt. ponendum curavit. curaverunt, passim ; de mediocritate sua posuit, I, 277 ; ut haberet vivus sibi posuit, III, 348 ; ex jussu ejus solus posui, II, 433 ; in suo positus, II, 396 ; III, 444, 467, 468 ; vivus, viva sibi posuit, vivi sibi posuerunt, passim ; viva vivo. 150, 277 ; viventis, 345.

Praecepit, ponendum praecepit ; III, 105, 200.

Scripsit, scribendum curavit ; voyez Inscripsit.

Substituit : conjugi memoria substituit, I. 305.

Testamento, I, 307, 447 ; II, 376 ; III, 40. 50, 278.

Titulus, III, 123, 187, 225 ; hunc titulum quem feci conjugi carae et mihi vivus, oro flor(i)bus Florum condecoretis, amici, I, 281 ; titulum posui, 321 ; merita ejus nobilissima titulo sepulchri sacraverunt. III, 123 ; memoria laudis ejus et gloriae, manente titulo hoc, durabit aeterna, 187 ; titulus testis vitae fati, 225.

Arbitratu, III, 40, 50.

Connivente, III, 455.

Curante, passim ; III, 81, 372 ; (patrono), 225 ; (tutoribus), 456 ;

Procurante : I, 279 ; III, 62, 149, 173, 445 ; procurantibus, 162, 256 ; (parentibus), II, 493 ; procuravit, III, 296.

Praestiterunt obsequium, III, 112.

Abreptus : cujus suprema talia fuerunt, iens in curam per amnem Arar, subito casu abreptus est, III, 449.

Decessus : peregre decessit, III, 236.

Defunctus. I. 274 ; II, 357. 498 ; III, 73, 196, 322. 366, 400, 447 ; acerbissima morte, 123 ; die Martis. I, 274.

Ereptus : ante tempus, III, 323 ; quae dum ego in peregre eram, subita morte die tertio erepta est, I, 321.

Excessus. III, 123 ; qui prope impletum vicensimum annum excessit, omnium numinum frustra cultor, 446.

Interceptus, III, 307.

Interemptus : cujus spiritus ab hominibus mali interemtus est, I, 167.

Interfectus, I. 384 ; bello, 375 ; a latronibus. III, 391 ; manu mariti crudelissimi interfecta, 280.

Obitus, III, 380 ; qui hac aetate obiit, 446.

Oppressus : qui cum ex incendio seminudus effugisset posthabita cura salutis, dum aliquit e flammis eripere conatur, ruina parietis oppressus naturae socialem spiritum et corpus origini reddidit, III, 123.

Quondam, I, 202, 360, 407 ; II, 349, 355 ; III, 225.

Fata, fatum, fatus. III, 187, 225, 403. 444, 451, 464 ; iniquitas fati, II, 357 ; sors iniqua fatorum, III, 187 ; quem abstulerunt fata iniqua a natis et conjuge minorem annorum..... 447 ; qui ei reliquit filium..., set, fatum malum, ut interciperetur, 307 ; quae ante obiit quam fatum dedit, 281 ; si fati condicionem reddidero, 403.

Suprema : cujus suprema talia fuerunt, III, 449.

Vita : ablata, III, 187 ; consumta, 468.

Vixit, passim ; qui vixit cum ea, quae vixit cum eo, sine nulla contumelia,

I. 321 ; crimine, I, 217, 392 ; ulo crimine, III, 467 ; criminis sorde, II, 505 ; discordia, III, 139 ; ullo jurgio, 450 ; ulla laesura, I, 321, 369 ; ula, ulia, ulla, ulius, ullius laesione, lesione, animi laesione, I, 206, 209, 367 ; II, 421, 475, 478, 487 ; III, 54, 73, 109, 128, 160, 187, 204, 284, 291, 298, 310, 316, 363, 410, 440, 441, 446, 467, 472 ; ula, ulla macula, 218, 296, 403, 442 ; ullius offensa, 445 ; animi mei offensione, I, 321 ; ulla querella, querela, III, 443, 451 — qui sexsies, septies, denos animam sine crimine pertulit annos, I, 217, 392.

	a.	m.	d.	
Qui vixit	»	9	d. 25,	III, 468.
quae	»	9	10,	261.
—	»	11	»,	463.
—	1	»	47,	294.
quae	1	2	26	II, 357.
qui	1	3	3,	357.
—	1	11	4,	III, 442.
quae	2	»	»,	469.
—	2	1	2,	468.
qui	2	3	4,	157.
—	3	»	»,	465.
—	3	»	40,	366.
—	3	10	»,	464.
—	3	11	10,	345.
—	4	8	23,	289.
quae	4	9	12,	186.
qui	5	6	»,	I, 315.
quae	6	»	»,	III, 466.
—	6	»	30,	II, 498.
qui	6	1	11,	III, 459.
quae	6	3	21,	453.
qui	6	6	14,	351.
quae	6	9	13,	133 (et horis 3).
—	6	11	»,	395.
—	7	»	30,	470.
—	7	4	3,	191.
—	7	5	»,	89.
qui	7	7	12,	457.
—	8	»	25,	426.
quae	9	»	»,	I, 231.
qui	9	2	13,	III, 181.
—	10	»	»,	88.
quae	10	»	13,	466.
—	10	1	11,	228.

	a	m.	d.	
qui vixit	10	6	6,	III, 81.
quae	10	11	»,	271.
qui	11	»	»,	322.
—	11	5	9,	169.
—	11	6	26,	II, 357.
—	12	»	»,	III, 131.
—	12	9	18,	461.
quae	12	10	16,	156.
qui	13	»	»,	470.
—	13	»	47,	440.
—	(?) 14	5	27,	463.
quae	15	»	»,	I, 231.
—	15	»	11,	III, 393.
qui	15	2	13,	440.
—	15	4	5,	445.
quae	16	»	»,	417.
—	(?) 16	»	»,	118.
—	16	»	20,	471.
—	16	»	30,	II, 498.
qui	16	4	5,	III, 413.
quae	17	»	22,	I, 259.
—	17	10	10,	III, 222.
—	18	»	»,	280.
qui	18	»	5,	441.
—	18	1	4,	455.
quae	18	1	23,	451.
—	18	2	20,	378.
qui	18	7	5,	59.
quae	18	9	5,	II, 505.
qui	19	»	»,	III, 280, 323.
—	19	3	13,	380.
—	19	4	»,	389.
—	19	3	13,	380.
—	19	10	9,	II, 498.
—	20	»	»,	III, 400, 446.
—	20	5	»,	58.
—	20	7	»,	446.
—	20	7	15,	91.
—	22	4	»,	307.
—	22	1	22,	360.
quae	22	2	15,	234.
qui	23	»	»,	196.
—	23	1	16,	116.
quae	23	7	4,	310.
qui	23	7	14,	139.
quae	23	9	22,	296.

	a.	m.	d.	
quae vixit	24	»	»,	III, 95.
—	24	1	»,	I, 315.
—	24	2	10,	319.
—	24	5	9,	III, 440.
—	24	8	5,	450.
—	24	10	17,	I, 206.
—	25	»	»,	379.
qui	25	»	9,	III, 162.
—	25	»	14,	I, 279.
quae	25	2	»,	II, 372.
qui	25	8	»,	393 ; III, 242, 462.
quae	25	9	»,	III, 383.
—	25	11	8,	189.
qui	26	2	»,	442.
—	27	»	»,	139.
—	27	5	26,	380.
—	28	»	»,	87.
quae	28	»	8,	49, 356.
—	28	3	14,	454.
—	28	8	18,	454.
—	30	»	»,	109, 411, 447.
—	30	»	5,	204.
qui	30	»	5,	339.
—	30	»	35,	246.
—	30	1	3,	291.
quae	30	5	7,	293.
—	30	6	11,	314.
—	31	»	»,	212.
—	33	»	»,	236.
qui	33	»	»,	391.
—	33	5	4,	443.
—	33	6	27,	173.
—	35	»	»,	I, 422.
—	37	»	12,	III, 441.
—	38	»	»,	I, 222.
quae	40	»	»,	III, 298.
qui	40	»	»,	I, 224.
quae	40	2	5,	209.
qui	40	3	8,	III, 73.
—	42	»	»,	I, 446.
quae	43	»	»,	III, 179.
qui	43	»	9,	I, 387.
—	43	7	5,	III, 249.
—	45	»	»,	I, 255.
quae	45	»	»,	III, 343, 363.
—	45	5	15,	166.

	annos	menses	dies	
qui vixit	a. 46	m. 3	d. 12,	II, 402.
quae	47	»	»,	III, 113, 471.
—	48	»	»,	I, 224.
—	50	1	10,	III, 284.
qui	52	5	».	467.
quae	54	1	24,	160.
qui	60	»	»,	I, 392 ; III 139.440,
—	61	»	»,	I, 267.
—	62	2	10,	367.
—	66	»	»,	III, 19.
—	70	»	»,	I, 217.
—	70	5	10,	III, 218.
—	75	5	13,	54.
—	85	»	»,	II, 487.
—	90	»	»,	III, 442.
quae	90	»	»,	257.

quae longum vitae cursum centeno console duxit, IV, 125.

Adquiescit, III, 43, 44, 45, 47, 48, 49 ;
secundum suos, 460.

Condita, III, 411.

Requiescit, III, 465.

Sita est ?, III, 462.

Anima : ut corpore condito, animae
ablatae multis annis celebraretur,
III, 444.

Corpus, III, 225 ; corpus sororis, animae suae sibi carioris, ab Urbe ad.
ferri curaverunt et in sarcofago
condiderunt, II, 372 ; corpore
condito, III, 444 ; corpus origini
(flammis) reddidit, 123.

Funera : nam temere missus, non ad
mea funera, clavus haesit et in
tenero vertice delituit, III, 464.

Mors, I, 321 ; II, 498 ; III, 272, 352 ;
acerbissima, 123 ; subita, 236 ;
de aetate mors inique judicavit,
II, 492 ; de qua nemo um-
quam doluit nisi mortem, III, 204,
316, 352 ; qui sibi ante mortem
rogavit quam parentibus, 181 ;

quorum mortem soli XXX dies
inter. fuerunt, II, 498.

Ossa : condita, III, 126, 411, 464.

Reliquiae : memor pietatis, reliquias
ejus hoc tumulo dicavit, III, 410 ;
petenti ut reliquiae suae cum ma-
tris et patris conderentur, 312.

Spiritus, I, 167 ; III, 443 ; socialis naturae, III, 123.

Stygiae umbrae, III, 225.

Tartarus : plures insontis in Tartaro
misit, III, 439.

Terra levis : multis annis vivat qui
dixerit : Arpagi, tibi terram levem
III, 181.

Umbrae Stygiae, III, 225.

Amice lude jocare veni, III, 368.

Arpagi, III, 448 ; multis annis vivat
qui dixerit : Arpagi, tibi terram
levem, 181.

Ave, have : ave Amabilis Gessio tuo
karissima, I, 321 ; have in aeter-
num, aeternumque vale, III. 163 ;
have Dulciti, Gaudentius te salu-

tat, I, 209 ; have Modii, have Gemina, III, 368 ; ave optime. II,
149.

Bonis bene, I, 209, 259.

Chere, hygiene, III, 95 ; χαῖρε, Ὑγιεινε,
I, 408, 409 ; III, 441, 461.

Feliciter, II, 449.

Hunc tumulum... flor(i)bus Florum
hilares condecoretis amici, I, 281.

O fides, o pietas, III, 280.

Salvi eatis, salvi redeatis, I, 259.

Tu qui legis, III, 505.

Vale aeternumque vale, III, 163 ;
Eusebi vale, 218 ; vale anima dul-
cissima, 284.

Acclamations en grec, I, 407, 409 ; III,
303, 441, 450, 461.

Épitaphes doubles, III, 254 ; métriques,
I, 217 ; III, 67, 225, 303, 316,
464 ; latines grecques, I, 407 ; III,
67, 303, 441, 450, 461 ; grecques,
III, 469 et add.

Tombeaux ornés

Tombeaux à étages, II, 33 à 39 ; en
forme de temple ouvert, 322.

Cippe avec buste en ronde-bosse dans
une niche, III, 341 ; avec deux
bustes en ronde-bosse dans une
niche, III, 477 ; avec bas-relief sur
l'attique du couronnement, représentant un coffret gardé par deux
chiennes : Merula et Educata, III,
383 ; avec ornements faitiers :

cônes en forme de flamme, urne
à anses, pyramidion ; passim.

Sarcophage avec la figure minuscule
d'une femme désignée par le mot
Monna, en bas relief sur l'antéfixe
médial du couvercle ; un Génie
accroupi dans chacun des antéfixes
d'angle, I, 259.

Sarcophage de marbre avec sculpture
de haut relief représentant le
triomphe de Bacchus, II, 310.

Sarcophage de marbre avec sculpture
de haut relief représentant la ré-
surrection d'Ariadne par Bacchus,
II, 323, 324.

Sarcophage avec Génies agenouillés
supportant le cadre inscrit, III,
352.

Stèle avec relief en champ-levé dans un
fond de mosaïque ou de ciment,
représentant un cataphractaire à
cheval, I, 422.

Bloc anépigraphe avec bas-relief représentant un repas funèbre, III, 477.

Ascia, passim ; figurée en tête, sur les
côtés ou à la suite du texte, passim ; dans le texte, I, 407 ; II,
357 ; III, 296 ; non antérieure à la
moitié du premier siècle.

Croissant, gravé au-dessus des épitaphes, I, 419, 444 ; III, 322, 355.

Palmes, dans le texte ou à la fin des
lignes, I, 209, 281 ; II, 349 ; III,
189, 200, 210, 218, 287, 380,
398.

Rosaces ou disques, passim.

REMARQUES GRAMMATICALES

A   pour *an* :   Alexsader, III, 54 ; Masuetus, 249.
    pour *e* :   consacravit, I, 17.

A   en trop :   diaebus, III, 396 ; missionae, I, 319 ; quae (que), III, 336, 406 ;
                sinae, III, 284, 393, 447.

     manque :   dedik. verunt, III, 406 ; lesione, II, 475 ; III, 54, 310 ; precepit,
                105, 200 ; questor, II, 349.

B   pour *p* :   obtimo, I, 365 ; scribti, III, 126.

     pour *v* :   albeus, III, 439 ; parbulum, 100.

C   pour *q* :   relicuit, III, 100.

     manque :   ocupavit, III, 310 ; santissimae, 298.

D   pour *t* :   e deos (et eos), III, 54 ; quod (quot), I, 70.

E   pour *ae* :   passim ; lesione, II, 475 ; III, 54, 310 ; Me, III, 198 ; precepit,
                105, 200.

     pour *en* :   carthaginesi, III, 54 ; Lugdunesis, I, 204 ; ponedum, III, 173 ;
                Trajanesi, III, 113, 284.

     pour *f* :   eiliam (filiam), par faute de gravure, III, 54.

     pour *i* :   cives (civis), II, 505 ; III, 118 ; Equestre (Equestri), I, 433 ;
                ille (illi), I, 321 ; memorea, III, 202 ; sene (sine), III, 54.

     pour *u* :   maesolaeum, II, 372.

EI   pour *i* :   heic, III, 45 ; libertei, II, 376.

F   pour *e* :   Epicifsi, III, 251.

     pour *ph* :   Adelfus, I, 419 ; Afrodisia, 384 ; catafractariorum, 422 ; Cefalio,
                III, 312 ; Dafne, 276, 312 ; Elafia, 287 ; Fileta, 151 ; Frigia,
                I, 267 ; orfana, III, 451 ; orfanitatem, 403 ; sarcofago, 443 ;
                Trofimen, 453.

     en trop :   Affrae, III, 336.

H   en trop :   Helpis, II, 387, III, 411, 472 ; Heutychia, Heutychianus, 456.

     manque :   aduc, II, 505 ; coeredes, III, 408 ; eredi, 200 ; omini, 54, 249 ;
                Reso, 360 ; Ylas, 249.

I   pour *e* :   benificium, I, 70 ; didicavit, III, 95, 314 ; diducta, I, 78 ; inson-
                tis (insontes), III, 439 ; pluris, I, 78.

     pour *o* :   tauribolium, I, 27.

     pour *u* :   monimentum, II, 382 ; III, 235, 247.

     en trop :   cuiius, II, 498 ; Luguduniensis, I, 433 ; ulia (ulla), III, 54.

     manque :   conugi, I, 379 ; florbus, 281 ; laesone, III, 298 ; Minervae
                (Minerviae), I, 264 ; vxit, III, 157.

II   pour *e* :   saponariaii, III, 76 ; Siicundina, 206 ; Siiptumus, II, 379.

K   pour *c* :   passim ; arkae, II, 109 ; Kl (Klaudius), I, 422 ; dedikavit, dedi-
                kaverunt, I, 379 ; II, 349 ; III, 244, 351, 375, 406 ; vika-
                rius, I, 202.

L   double :   querella, III, 443 ; sepellitus, II, 393.

     manque :   Apolinis, II, 505 ; puela, 505 ; ula, 478, 505 ; III, 54, 298, 440,
                442 ; ulius, 284, 291, 393 ; ulo, 449.

M   pour *n* :   umquam, I, 162 ; numquam, III, 204.

M   manque :   ara(m), I, 17 ; direpta, III, 316 ; taurobolio(m), I, 17.
N   pour *m* :   inconparabili, I, 204 ; III, 189 ; iden, 336 ; inmensa, 343 ;
                 inpendium, I, 17, 27, 123 ; inpia, III, 383.
    pour *s* :   mensen (menses), III, 54.
    en trop :   conjunx, passim, I, 264, 274, 390 ; III, 47, 62, 73, 97, 220,
                 239, 319, 442, 443, 471 ; speciens, 284 ; vicensimum,
                 446.
    manque :   anis, anos, passim, I, 167 ; III, 54 ; Alexsadri, 54 ; coiugi, 54,
                 325 ; coiux, 415 ; cos, passim ; infas, I, 267 ; Lugdunesis,
                 204 ; Masuetus, III, 249 ; ponedum, 173 ; Traiaesi, 113.
O   pour *a* :   Trojanensis, par faute de gravure, III, 116.
    pour *u* :   avonculus, III, 419, 465 ; divom, I, 80 ; spirito, III, 441 ; vivos
                 (vivus), passim ; I, 182 ; II, 447 ; III, 151, 370, 383.
    manque :   natine (natione), III, 100.
OU pour *u* :   Pousonia, III, 389.
P   pour *b* :   Pritto, III, 341 ; optinuit, I, 79 ; Viperius (Viberus ?), I, 217.
    manque :   Agripinensis, III, 91 ; interemtus, I, 267.
Q   pour *c* :   qui (cui), I, 267.
R   manque :   supestites, III, 54, 100.
S   en trop :   asscia, III, 77, 325.
    manque :   misi (missi). I, 442 : filio(s) tres, III, 54.
T   pour *d* :   aliquit, III, 123 ; at, II, 357 ; Demetriati, III, 107 ; set, 307.
U   pour *e* :   faciundum, I, 209 ; III, 278.
    pour *i* :   cornuclarius, I, 204, 255, 410 ; lubens, 348 ; piissumae, III,
                 49 ; Siiptumus, II, 379.
    pour *o* :   subole, III, 446.
    manque :   avnculo, III, 319 ; avs, II, 345 ; cornuclarius, I, 204, 255, 410 ;
                 naviclarius, II, 400 : Primitius, I, 365 ; III, 345, 472 ; qae,
                 III, 406; qantum, I, 267 ; utriclarius, II, 469, 475, 487,
                 490 ; vivs, passim, I, 206, 209, 270, 321 ; III, 97, 116,
                 291, 310.
XS pour *x* :   Alexsader, Alexsius, III, 54 ; conjuxs, I, 369 ; exs, II, 99 ; exsem-
                 pli, III, 310 ; exsercens, 447 ; sexsies, I, 392 ; uxsor, I, 382 ;
                 419 ; III, 54 ; vixsit, passim, I, 267, 369 ; II, 475 ; III, 54.
Y   pour *i* :   Hylarus, III, 413.
Chiffres :   XXIX, III, 323 ; XXIIX, III, 49 ; XXXXVII..... I, 294, 471.

Ad = ab, I, 75.   Afrodisia, II, 384.
Adelfus, I, 419.   Agripinensis, III, 91.
Ad. ferri, II, 372.   Albeus, III, 439.
Adpertinens, II, 490.   Aliquit, III, 123.
Affra. III, 336.   Alexsader, Alexsius, III, 54.

Animi sui comparabili = animae in-
    comparabili, III, 352.
Anis, anos, passim.
Anthiocus, III, 241.
Apolinis, II, 505.
Aquitanacica, III, 67.
Assidarius = essedarius, III, 88.
Asscia, III, 325 ; asscit dedivit, 77.
Astat = instat, III, 409.
Ate. pomarius, III, 449.
Avonculus, III, 419, 469 ; avnculus, 319.
Avs, II, 345.
Benificium, I, 70.
Catafractariorum, I, 422.
Cefalio, III, 312.
Cives = civis, II, 505 ; III, 118.
Coeredes, III, 408.
Conjunx, passim ; coiux, III, 415 ; con-
    juxs, I, 369.
Cornuclarius, I, 204, 255, 410.
Consacravit, I, 17.
Cos, passim.
Cuiius = cuius, II, 498.
Cum quem, III, 403.
Dafne III, 276, 312.
D C = December, III, 97.
Deceptus, III, 242, 272, 291.
D D C — dedicavit, III, 294.
Dedik.verunt, III, 406.
Diaebus, III, 396.
Dicavit, III, 410.
Didicavit, III, 95, 314.
Didicta, I, 78.
Direpta = dirempta, .III, 316.
Divom, I, 80.
Doluit mortem, III, 204, 316 ; mortis,
    352.
Domna, III, 298.
Domo Ulpia Papiria Petavio, I, 249.
Duos arbores, I, 235.
Duum, III, 400.
Ed eos = et eos, III, 54.

Eiliam = filiam, III, 54.
Elafia, III, 287.
Epicifsis, III, 251.
Erectheus, II, 247.
Eredi, III, 200.
Exs, II, 99 ; exsempli, III, 310 ; exser-
    cens, 447.
Faciundum, I, 209 ; III. 278.
Fatus, III, 316.
Filematium, III, 284 ; Fileta, 151.
Filiaster, III, 181.
Filio(s), III, 54.
Floibus = floribus, I, 281.
Frigia, I, 267.
Fluentis = fluentibus, III, 403.
Heic, III, 45.
Helpis, II, 387 ; III, 411, 472.
Heutychia, Heutychianus, III, 456.
Hylarus, III, 413.
Idenquae, III, 336.
Ille = illi, I, 321.
Incompabilis, III, 293 ; inconparabilis,
    I, 204 ; III, 189.
Infas, I, 267.
Inmensa, III, 343.
Inpendium, I, 17, 27, 123.
Inpia, III, 383.
Insontis = insontes, III, 439.
Inter. fuerunt, II, 498.
Iuiius = ejus ?, III, 173.
Juventa, III, 91.
Laesone = laesione, III, 298.
Libertei, II, 376.
Loca, I, 121 ; II, 57.
Lubens, I, 348.
Lugdunesis, I, 204.
Luguduniensis, I, 433.
Maesolaeum, II, 372.
Marius avec accent sur u, II, 469.
Masuetus, III, 249.
Men = mens, III, 73 ; mensen, 54.
Memorea = memoria, III, 202.

TABLES DES INSCRIPTIONS CHRÉTIENNES

DATES

NOMS DE PERSONNES

NOMS GÉOGRAPHIQUES

Aquitania, IV, 35.

Arar, 35.

Arelas, 115.

Barbarico germine natus, IV, 183.

Brandobrici ; sub une conss. (527) redimtionem a dom(no) n(ostro) Gudomaro rege acceperunt, 100.

Galliae ; praetoria recta Galliarum, IV, 41.

Genève : Gondobadus rex clementissimus muros emolumento proprio spatio multiplicato restituit, 66.

Jerusalem ; Salomonis opus, IV, 69.

Lugdunum, IV, 94, 136, 140 ; Lugduni procerum nobile consilium, II, 266.

Remus cives, IV, 171.

Sabaei odoriferi, IV, 69

Viennensis ?, IV, 175.

REMARQUES DIVERSES

Acolitus, IV, 82.

Aedes, 35.

Aequinoctialis ortus, 35.

Agger, 35.

Albae : in albis, 155.

Anathema : qui a hoc ossa removit anatema sit, 182.

Angelici chori, 69.

Anima, II, 266 ; 57, 115, 175.

Antistes, 94.

Aptus, 134, 136, 143.

Barbarico germine nati, IV, 183.

Bonae memoriae, passim ; bonememorius, 66 ; bonom memoriom, 180 ; bonae recordacionis, 143.

Bracteatum lacunar, 35.

Camera, IV, 35.

Celeusma, 35.

Commemoratur in sancta ecclesia Lugdunensi (peut-être une addition postérieure), 171.

Christus, 69, 115, 183 ; coheredes Christi, 94 ; in Christo quiescens, 172.

Civis, II, 266 ; 171.

Clerus, 136.

Coelum, passim, 115, 140, 183.

Conjux, 166, 172, 183 ; dilectissima, 172.

Consulat de Justinus en 540, point de départ d'une ère post-consulaire spéciale à Lyon et qui se poursuit jusque dans les premières années du septième siècle, 106.

Depositio, IV, 9.

Deus, passim, 115, 127, 136, 140, 178.

Diaconus, 105.

Domesticus regis, 140.

Dominus, 14, 136.

Dogmata sancta, 115.

TABLE DES MATIÈRES

TOME PREMIER

Extrait de la Délibération du Conseil municipal de la ville de Lyon relativement à la publication d'un nouveau Catalogue des Inscriptions du musée des antiques.

INSCRIPTIONS PUBLIQUES

TOME DEUXIÈME

INSCRIPTIONS PUBLIQUES (suite)

INSCRIPTIONS MUNICIPALES

EXPOSÉ PRÉLIMINAIRE

CONSTITUTION MUNICIPALE

ciant marchand de blé, 440 ; honorat de la corporation en même temps sévir
augustal et fabricant de sayons. 449 ; patron et pourvu de tous les honneurs
de la corporation, 449.
Corporation des négociants en vins. 450.
Préambule : leurs entrepôts dans les *Canabae*. 451.

Négociant en vins, patron de la corporation, honoré d'une statue pour la
dédicace de laquelle a lieu une distribution. 455. Patron de la corporation
des bateliers de la Saône et des négociants en vins, honoré d'une statue pour
la dédicace de laquelle a lieu une distribution de cinq deniers à chaque négociant, 456.

Négociant en vins et fabricant de poterie de terre, 458.

Fragment. 461.

Inscriptions perdues ou non entrées au musée : peut-être un négociant en
vins, 463.

Inscriptions étrangères : négociant en vins, curateur et patron de la corpo-
ration, 463.
Corporation des bateliers du Rhône et de la Saône. 463.
Préambule, leurs ports à la rive droite de la Saône : celui des bateliers de la
Saône entre les ponts du Change et Saint-Vincent ; celui des bateliers du Rhône
vers l'église Saint-Georges, 465.

Base d'un monument élevé en l'honneur des bateliers du Rhône ; distribution de trois deniers *omnibus navigantibus*, 466.

Patron des bateliers du Rhône naviguant sur Saône, patron de plusieurs
autres corporations, 468.

Batelier de la Saône, curateur et patron de la corporation, 471 ; honoré
d'une statue, pour la dédicace de laquelle a lieu, en l'an 216, une distribution
de trois deniers à tous les bateliers, 472.

Batelier de la Saône, promu aux honneurs de la corporation, fabricant
d'outres, 474.

Batelier de la Saône, 477.

Curateur et patron des bateliers de la Saône et du Rhône, honoré d'une
statue, 479.

Rappel des inscriptions contenues dans les précédents paragraphes : Patron
de la « splendidissime corporation » des bateliers du Rhône et de la Saône,
481. — Patron, 481. — Batelier du Rhône naviguant sur Saône, 482. —
Batelier de la Saône, patron de la corporation, 482.

Inscriptions perdues ou non entrées au musée : Patron des bateliers de la
Saône, 482 ; — fragment faisant mention d'un décret pris par les bateliers de
la Saône, 482.

Inscriptions étrangères : Batelier de la Saône et patron de la corporation,
482. — Curateur des bateliers du Rhône, 483. — Les bateliers du Rhône
élèvent une statue à l'empereur Hadrien, 483. — Les bateliers du Rhône et

TOME QUATRIÈME

INSCRIPTIONS CHRÉTIENNES

au point de vue de la prospérité générale et de la répartition du bien-être, 184, 185.

DEUXIÈME PARTIE DU TOME QUATRIÈME

TOME CINQUIÈME

SUPPLÉMENT AUX ADDITIONS

INSCRIPTIONS

TROUVÉES PENDANT L'IMPRESSION DES TABLES

III, INSCRIPTIONS FUNÉRAIRES NON ENTRÉES AU MUSÉE, PAGES 440 A 472.

Epitaphe de Toutia Serotina.

Lyon. — Partie supérieure d'un cippe avec son couronnement, trouvée au commencement de 1893 au quartier de FOURVIÈRE, dans les travaux de creusement pour établir les fondations de la tour de fer en construction en haut du Passage Gay ; déposée parmi les autres pierres antiques qui décorent la terrasse du Passage. — Hauteur o m. 74, du dé o m. 50 ; largeur o m. 44.

```
        D           M
     ET QVIETI AETER
     NAE  TOVTIAE  SE
     ROTINAE   EVTY
  5  CHES Q TOVT FOR
     TVNATI  SER  CO
     . . . . . . . . . . . . .
```

Copie dessinée de M. Dissard : lettres de bonne forme, probablement du second siècle.

Lecture de M. Dissard :

*Diis Manibus et quieti aeternae Toutiae Serotinae ; Eutyches,
Q. Toutii Fortunati servus, co[njugi. . . . .]*

« Aux dieux Mânes et au repos éternel de Toutia Serotina ;
« Eutyches, esclave de Quintus Toutius Fortunatus, à son
« épouse. . . . . ».

Nous n'apercevons pas d'autre restitution du mot incomplet qui
termine la sixième ligne que *co(njugi)*.

Le mariage légal n'existant pas pour des esclaves, la qualifica-
tion de *conjux* dans la bouche de l'esclave Eutychès ne peut
être qu'une expression abusive. Il vivait sans doute maritalement
avec Toutia Serotina, la sœur ou la fille de son maître, mais
celle-ci n'était ni ne pouvait être son épouse.

Peut-être y aurait-il à penser à *conlactiae ;* Toutia et Eutychès
auraient eu, enfants, la même nourrice.

IV, INSCRIPTIONS SUR MÉDAILLONS EN TERRE CUITE
PAGES 441 A 455.

La Lutte du Trépied. — Hercule, Apollon, Latone.

Médaillon circulaire incomplet en haut à gauche, provenant d'un
vase à panse sphérique en terre rouge lustrée ; représentant en
relief le sujet mythologique bien connu : « la Lutte du Trépied ».
Ce fragment, acquis de la succession d'un collectionneur lyonnais,
a été probablement découvert à Lyon. — Diamètre o m. 077.

Au bord intérieur du médaillon sont inscrits en relief les noms des personnages de la scène :

APOLLO	près de la tête d'Apollon
LATONA	derrière Latone
HERCVLES	sous les pieds d'Hercule

Hercule, irrité de ce que la pythie, qu'il est venu consulter, lui refuse une réponse, s'est emparé du trépied et l'emporte. Apollon et Latone se sont mis à la poursuite du ravisseur de leur bien; Latone, à sa droite, cherche à lui saisir le bras armé de la massue, mais dont il ne peut faire usage sans risquer de laisser tomber son fardeau; Apollon, à sa gauche, tire désespérément à lui le trépied qu'Hercule a jeté sur son épaule et que, sans ralentir sa marche, il retient solidement de la main. On sait que leurs efforts furent vains et que le trépied volé ne fut rendu que sur l'ordre de Jupiter.

Détail intéressant, Apollon a la tête entourée d'un nimbe; la tête de Latone manque avec la partie supérieure du trépied; Hercule est barbu, mais paraît chauve.

Un léger pallium sur l'épaule d'Apollon, la peau de lion sur celle d'Hercule, flottent derrière eux et laissent voir les formes harmonieuses du dieu et la puissante musculature du héros. Latone est entièrement vêtue. Apollon est chaussé de hauts brodequins; les pieds d'Hercule sont nus.

Nous ne voulons pas terminer sans adresser
un juste remerciement aux ouvriers, nos collaborateurs,
dont l'habileté merveilleuse a su vaincre les nombreuses difficultés de l'impression de ces beaux volumes
et a ainsi rehaussé par le mérite incontestable de
l'œuvre typographique le mérite, moins saisissable,
de l'œuvre scientifique.

Entre tous autres dont nous voudrions pouvoir
citer les noms, M. Auguste Pedrinie, Prote
de la Composition, et M. Henri Sabatier,
Typographe, ont particulièrement droit à notre
reconnaissance.

P. DISSARD.

A. ALLMER.

DES PRESSES

DE

LÉON DELAROCHE ET Cie

10, PLACE DE LA CHARITÉ

LYON

—

M · DCCC · XCIII

—

Impression commencée en janvier 1888, achevée le 2 mai 1893.